职业教育智慧课堂教学设计

赵赞甲　郑海涛　编著

WUHAN UNIVERSITY PRESS
武汉大学出版社

图书在版编目(CIP)数据

职业教育智慧课堂教学设计/赵赞甲,郑海涛编著.—武汉:武汉大学出版社,2024.5

ISBN 978-7-307-23008-8

Ⅰ.职…　Ⅱ.①赵…　②郑…　Ⅲ.职业教育—课堂教学—教学设计　Ⅳ.G712.421

中国版本图书馆 CIP 数据核字(2022)第 053152 号

责任编辑:杨　欢　　责任校对:汪欣怡　　版式设计:马　佳

出版发行:**武汉大学出版社**　　(430072　武昌　珞珈山)
(电子邮箱:cbs22@ whu.edu.cn 网址:www.wdp.com.cn)
印刷:湖北金海印务有限公司
开本:787×1092　1/16　印张:14　字数:332 千字　插页:1
版次:2024 年 5 月第 1 版　　2024 年 5 月第 1 次印刷
ISBN 978-7-307-23008-8　　定价:65.00 元

前　　言

当今，人类社会已经进入了以泛在网络、大数据、云计算、人工智能、物联网等先进信息技术快速发展为鲜明特征的"互联网+"时代，它为人类提供了前所未有的能够突破时空限制、满足个性发展的数字化生存环境，也带来了前所未有的信息爆炸、认知负荷、数字依赖等数字生存挑战。在这一大背景下，从教育理论的角度对教学系统所主导的课堂变革进行反思似乎与时代有些脱节，因此，我们将关注的视角转向"互联网+"时代信息技术与课堂教学深度融合下的智慧生成，试图描述一个切合时代发展的、必然来临的、当然更是我们向往的智慧课堂发展的未来景象。

为了应对信息时代多变的人才需求，将知识传递的课堂转变为智慧生成的课堂已成为当今世界各国教育改革和人才竞争的核心。智慧课堂被界定为是善于导入、走向生活、注重体验的课堂，是提出问题、积极参与、解决问题的课堂，是激发情趣、开放合作、积极探究的课堂，是处理好过程与结果、直观与抽象、情景性与知识系统性关系的课堂，是教师最大限度地发挥教学机智的课堂。

智慧课堂教学模式是基于"互联网+"教育背景下，新一代信息技术和课堂教学相结合的教学模式。它基于建构主义学习理论，依托"云""台""端"信息化平台，构建"云端建构，先学后教，以学定教，智慧发展"的教学模式；突破传统的知识传授模式，打造智能、高效的课堂，构建数据化、立体化、智能化、即时化的学习环境；变革与创新教学活动要素之间的关系，促使学生在课堂中突出主体作用，发挥学习的能动性，激发学习的潜能，培养创造性精神，促进学生积极成长，进行个性化智慧发展。

本书设计了 22 个智慧课堂教学案例，为读者展现了不同学科、不同专业的信息化智慧课堂教学设计。每个案例从案例简介、案例特色、案例设计这几个方面进行介绍。案例设计从教材分析、学情分析、教学目标、教学重难点、教学策略、教学过程、教学反思、信息技术等方面介绍了如何利用互联网+教育信息技术将传统课堂与信息化教学平台相结合构建智慧课堂，推动学情诊断和资源智能推送，借助信息化手段记录课堂教学过程，开展多元化、智能化评价，提高课堂效率，活跃课堂氛围，提高教学效果，助力"三教"改革。

本书的研究和撰写得到了海南省教育厅、海南省教育研究培训院、海南省银行学校的领导和专家的指导，得到了海南省中职学校互联网应用工作室全体成员的支持和帮助，得到了 22 个团队的成员的倾情相助，在此表示衷心的感谢！由于个人的水平所限，研究和探索还不够深入，书中内容难免存在不足，敬请读者不吝赐教，并予以批评指正！

编者

目　　录

案例 01　家用无线路由器的配置 ………………………………………………… 1

案例 02　计算机网络双绞线的制作 ……………………………………………… 15

案例 03　遵守职业道德是从业之本 ……………………………………………… 23

案例 04　物流入库验收 …………………………………………………………… 30

案例 05　认识棱柱和棱锥 ………………………………………………………… 39

案例 06　民歌情意长——高亢的西北腔 ………………………………………… 48

案例 07　标准眉形塑造 …………………………………………………………… 54

案例 08　呵护秀发的秘密——头皮检测 ………………………………………… 62

案例 09　黄瓜育苗技术——黄瓜育苗基质的准备 ……………………………… 70

案例 10　生态地瓜，走进万家——土特产"新玩法" …………………………… 81

案例 11　供产销核算——采购业务的核算 ……………………………………… 92

案例 12　前台接待处花艺设计 …………………………………………………… 102

案例 13　客房卫生间清扫 ………………………………………………………… 109

案例 14　手术前病人的护理 ……………………………………………………… 118

案例 15　云端旅游之 VR 全景导游技能 ………………………………………… 127

案例 16　咖啡制作 ………………………………………………………………… 133

案例 17　黎族筒裙的织绣与缝制 ………………………………………………… 149

案例 18　新娘妆的技法——基面化妆 …………………………………………… 164

案例 19　个人所得税计算与申报 ………………………………………………… 174

案例 20　贵宾犬解剖结构识别 …………………………………………………… 186

案例 21　"大国小厨"——烹饪刀具的磨制与保养 ……………………………… 195

案例 22　精雕细琢，匠心绘梦——花式咖啡(雕花)制作 ……………………… 205

案例 01　家用无线路由器的配置

一、案例简介

此案例参加 2018 年海南省中职学校教师教学能力大赛获得一等奖，参加 2018 年全国职业院校技能大赛教学能力比赛获得一等奖，参赛教师为海南省银行学校的赵赞甲、占可、吴朝玲。

二、案例特色

本课使用理实一体、工学结合的教学模式，采用任务驱动教学法进行教学。以完成家用无线路由器的配置为主线，紧紧围绕路由器 WiFi 设置的教学重点以及端口连接、WAN 口设置的教学难点展开教学。借助信息化技术手段，以学生为主体，完成了理论与实践一体化的教学，为以后教学专业课程——企业级路由器的配置打下良好的基础，也为后续组织职教进社区志愿者服务活动做好准备。

（1）互联网+教育信息技术贯穿教学过程。课前，学生到学校周边的社区走访并开展在线调查，使用云平台观看动画及微课视频进行自主学习，完成测试；课中，学生通过 VR 虚拟仿真平台进行智能导学、实训及评价，教师通过高清监控系统、智能电子课堂平台对学生的操作过程进行监控、记录并实时指导纠错；课后，安排学生利用周末和业余时间参与"职教进社区——家庭网络维护志愿者服务站"活动，让学生学以致用，在服务大众的过程中提高技能，培养文明礼仪意识以及爱岗敬业的职业素养。

（2）使用问卷星系统进行访问调查。在线调查模式可以减少纸张的浪费，培养学生节约能源、低碳环保的意识，同时能有效收集调查数据并进行统计与分析。

（3）全程数据收集与分析反馈。课前、课中及课后的整个教学过程都通过云平台和多种信息化手段采集数据并分析反馈。

（4）采用多元化、多形式的实时教学评价模式。利用云平台进行实时评价及数据分析，贯穿整个教学过程，包括课前学习活动评价、课中实时评价与系统智能考核以及课后行业评价、社区服务反馈等，有效增强学生学习的动力，提高教学效果。

三、案例设计

课题名称：家用无线路由器的配置

授课课时：2 课时

授课对象：2017 级计算机应用电信校企合作班

授课地点：智能实训室

选用教材：国规教材《计算机应用基础》

教学模式：理实一体化

教材分析：《计算机应用基础》课程是中等职业学校学生必修的一门公共基础课——既是岗位技能的需要，也是后续课程学习的基础。使用的教材是高等教育出版社出版的国家规划教材——黄国兴等主编的《计算机应用基础》。教材采用模块化、项目式、导向型模式编写，突出技能训练，体现"做中学、学中做"的职教特色。

本次课的内容为单元 3 互联网（Internet）应用之任务 3.1 连接 Internet，互联网应用——家用无线路由器的配置。

本次课根据电信装维技术员的岗位需求对教材内容做了合理编排与整合，力图让学生掌握简单的家用路由器图形界面配置的基本技能，懂得将计算机及终端通过无线路由设备接入因特网，为以后学习专业课程——企业级路由器的配置打下良好的基础；同时让学生了解电信装维技术员的服务礼仪、规范，为后续参与职教进社区志愿者服务活动做好准备。

学情分析：本课教学的对象来自一年级计算机应用专业电信校企合作班的学生，他们经过 2 年专业技能的学习及电信装维技术员服务礼节与规范的培养，有望通过电信客户服务支撑技能认证后成为一名电信装维技术员。

在本次课之前学生已经学习了基本的信息技术理论知识，掌握了互联网应用的基本技能，他们经常通过无线 WiFi 上网，也接触了无线路由器，但还不懂得如何配置。

他们在信息化环境下成长，善于借助信息技术辅助学习，对软件的操作很感兴趣。他们活泼好动、喜欢在"做中学、学中做"；他们热情大方，在课余时间，乐于参与"职教进社区——家庭网络维护志愿者服务站"活动。

教学目标：

（1）知识目标：了解家用无线路由器的网络参数，了解家用无线路由器 WAN 口的三种连接类型。

（2）技能目标：家用无线路由器的端口连接，家用无线路由器的 WAN 口设置，家用无线路由器的 WiFi 设置，连接测试无线网络。

（3）素质目标：培养学生符合电信装维技术员岗位需求的服务礼仪、规范，培养学生爱岗敬业、服务大众的意识。

教学重难点：

（1）重点：家用无线路由器的 WiFi 设置。

（2）难点：家用无线路由器的端口连接，家用无线路由器 WAN 口的 IP 地址设置。

教学方法：

（1）教法：任务驱动教学法。

（2）学法：小组合作法、自主探究法。

教学准备：本课开设在智能实训教室，使用综合智能实训平台、高清摄像头、云平台教学资源等信息化环境。学生 2 人为一组，合作探究，交替实训。每组各有 1 台无线路由器、1 部手提电脑、1 个 iPad 以及 2 条双绞线、2 部手机。

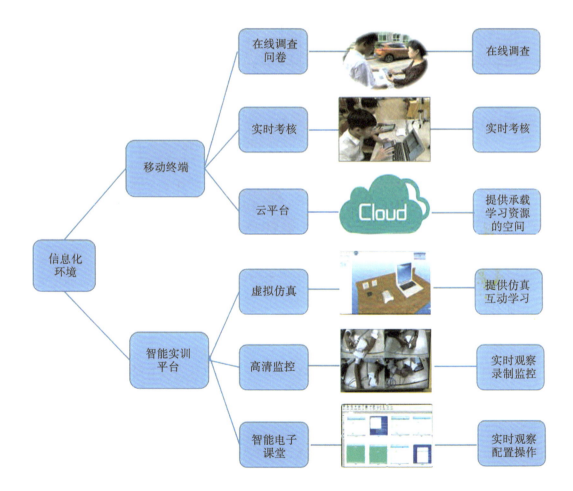

教学策略：为了解决传统课堂教学效率低下的问题，本次课借助理实一体化的智能实训室，整合多种软硬件信息化资源，让学生在"做中学、学中做"。学生2人一组，1人操作，另1人仔细观察并完成在线评价，同时通过iPad访问教学资源提供帮助、相互探讨，交替进行，完成实训任务。

本课引入VR虚拟仿真实训平台，为学生提供智能导学、查错纠错功能，实时记录学生的实训过程，收集数据、做出评价；通过问卷星在线调查方式有助于培养学生节约能源、低碳环保的意识；教师通过高清监控系统、智能电子课堂平台实时了解学生的实训过程，及时发现问题、指导纠错，有效突破了教学重点和教学难点。

整个教学过程通过云平台和多种信息化手段采集数据并分析反馈，采用多元化、实时的教学评价模式，有效增强学生学习的动力，提高教学效果。课余时间安排学生参加"职教进社区——家庭网络维护志愿者服务站"的实践活动，让他们在为社区居民服务的同时也培养了其爱岗敬业、服务大众的意识和拥有电信装维技术员的职业素养，为学生以后学习专业课程——企业级路由器的配置打下良好的基础。

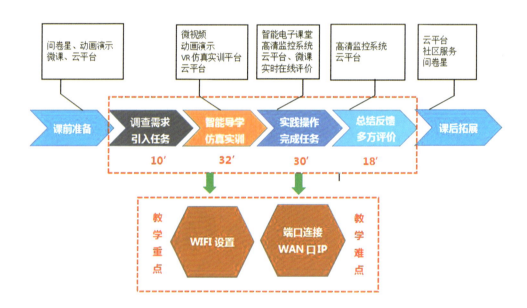

课前准备：

（1）自主学习。

①教师活动。

a. 课前将动画、微课、学习任务书等数字化教学资源上传到云平台让学生自主学习。

b. 通过云平台了解学生自主学习的进度及反馈，并在线交流、指导。

c. 发布测试题，检验学生的自学效果。

②学生活动。

a. 学生用手机登录云平台观看动画、微课等学习资源，了解家用无线路由器的网络参数以及配置过程。

b. 遇到问题可以在线查阅资料或请教教师、同学。

c. 完成课前学习任务及测试。

③设计思路。

利用动画演示,实现无线路由器配置过程的可视化,增强了感官认知,提升了学生的学习兴趣;学生通过微课视频学习无线路由器的配置过程,在线测试能有效反馈学生自主学习的效果,帮助教师及时调整课堂教学节奏。学生完成课前学习任务以后,在教师的指导下能够分组设计社区调查问卷。

④信息化手段。

云平台、动画、微课。

(2)问卷调查。

①教师活动。

a. 教师设计《家用无线路由器常见故障》在线调查问卷,并在"电信装维技术员交流群"发布调查。

b. 指导学生根据课前预习情况，使用问卷星分组设计《家用无线路由器的使用调查问卷》，并组织学生利用课余时间到学校周边的社区中做走访调查。

②学生活动。

a. 学生在教师的指导下分组设计《家用无线路由器的使用调查问卷》，并到学校周边的昌茂小区、德辉小区等社区走访、调查，完成在线调查，收集数据。

b. 了解社区家庭无线路由器的使用、配置及维护情况。

c. 了解电信装维技术员的岗位需求。

③设计思路。

使用问卷星在线调查功能可以培养学生节约能源、低碳环保的意识，而且可以方便地对调查数据进行统计和分析；学生通过调查走访了解家用无线路由器的使用、配置与维护情况以及岗位需求，为课堂实施做好铺垫；教师通过调查可以了解无线路由器常见的故障及排除方法，方便调整教学任务与步骤。

④信息化手段。

问卷星在线调查平台。

课堂实施：

(1)调查需求，引入任务。

①教师活动。

测试题目一　无线路由器的接口识别		
选项	错误率	正确率
电源接口	0	100%
LAN端口	55%	45%
WAN端口	60%	40%

测试题目二　了解无线路由器配置参数		
选项	错误率	正确率
WIFI的设置	62%	38%
WAN口静态IP设置	68%	32%
设置子网掩码	10%	90%
设置网关	12%	88%

a. 组织学生展示调查数据统计结果并交流心得体会。

b. 展示学生课前自主学习的情况，指出共同性的问题：无线路由器的端口识别容易混淆，配置参数容易出错。

②学生活动。

a. 分享交流社区走访的心得、体会。

b. 展示调查数据分析结果：家用无线路由器的使用量大，装维需求量大。引入本课的学习任务：家用无线路由器的配置。

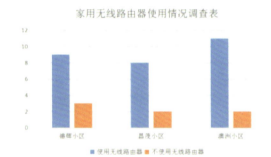

③设计思路。

学生通过调查数据分析结果，认识到要成为一名合格的电信装维技术员，首先要掌握家用无线路由器的配置技能，从而引出本次课的学习任务。从实地调查切入，将学习内容与岗位需求紧密结合，让学生能真正体会如何学以致用，激发学习积极性。

（2）智能导学，仿真实训。

①教师活动。

a. 演示 VR 虚拟仿真实训平台的操作要领。

b. 引导学生使用 VR 虚拟仿真实训平台进行智能导学与实训。

c. 通过智能电子课堂平台实时了解学生的实训过程，及时发现问题、指导纠错。

d. 组织学生进行分享交流，分析易错点和重难点。

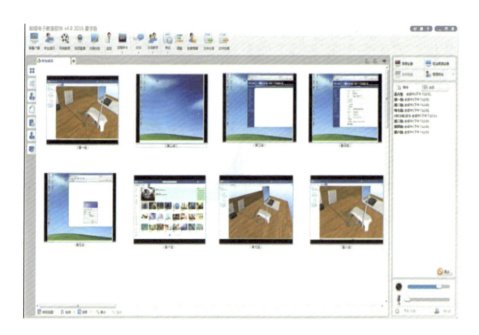

②学生活动。

a. 学生 2 人一组，1 人进行仿真实训，另 1 人通过 iPad 访问教学资源提供帮助，相互探讨，交替进行。

b. 学生通过仿真实训平台进行智能导学实训，并查错纠错。

c. 根据仿真实训平台提供的评价数据和提示信息不断纠正错误，重复操作，完成实训任务。

③设计思路。

学生通过课前的自主学习已经了解了家用无线路由器的配置参数，也通过教师的演示讲解掌握了 VR 虚拟仿真实训平台的操作要领，明确了实训任务及操作步骤。我们采用智能导学与虚拟仿真实训平台相结合的方式辅助学生进行模拟实训，让学生在不断纠错的过程中对家用无线路由器的配置过程了然于心，突破路由器 WiFi 设置的教学重点，以及端口连接、WAN 口 IP 地址设置的教学难点，为后续的实践操作打下良好基础。

④信息化手段。

VR 虚拟仿真实训平台、云平台、动画、微课。

（3）实践操作，完成任务。

①教师活动。

a. 针对学生在仿真实训过程中存在的共性问题和易错点进行演示操作，分析操作的重点和难点。

b. 指导学生规范有序地进行实践操作，完成实训任务。

c. 通过高清监控系统和智能电子课堂平台，实时观察学生的实操过程，并进行指导纠错。

d. 通过云平台收集学生实操的实时评价数据，获取统计分析结果，进而发现问题并指导修正。

②学生活动。

a. 学生 2 人一组，1 人实践操作，另 1 人观察并完成在线评价，交替进行。

b. 根据任务书的操作流程和要求来完成实操任务，在实操过程中如果遇到困难，可以通过资源平台查阅资料、观看动画、观看微课或者请教教师指导。

c. 在教师的指导下，合作探究，使用手机和手提电脑连接 WiFi，进行上网测试。

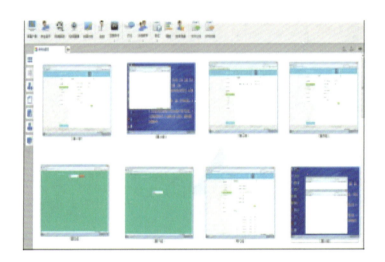

③设计思路。

教师借助高清监控系统和智能电子课堂平台实时了解学生的操作过程，掌握实操进度，及时指导与纠错，进一步有效突破教学重难点。

借助云平台收集学生实操过程中的实时评价数据，获取统计分析结果，进而发现问题并指导修正，克服了传统评价模式的滞后性。

通过视频回放与合作探究，引导学生发现问题、解决问题，完成实操任务，达成掌握家用无线路由器配置方法的教学目标。

④信息化手段。

高清监控系统、智能电子课堂平台、云平台、数字化资源。

(4)总结反馈，多方评价。

①教师活动。

a. 组织学生总结本次课的学习过程，分享交流、分组点评。

b. 分析难点，指出不足，奖励优秀者。

c. 播放电信装维技术员入户服务的微课视频，组织学生讨论服务礼仪及规范，让学生为课余时间参加职教进社区志愿者服务活动做好准备。

d. 指导学生在线完成实训报告。

e. 联系助教(电信装维技术员)于课后参与评价。

f. 通过系统收集学生课余参与社区服务的居民评价数据。

②学生活动。

a. 总结家用无线路由器的配置过程，分享经验、交流不足，并进行分组互评。

b. 探讨电信装维技术员入户服务的礼仪及规范，培养爱岗敬业、服务大众的意识。

c. 在线完成实训报告。

③设计思路。

学生通过回顾总结本次课的学习过程，能进一步巩固所学知识和技能。

教师以电信技术员的入户服务礼仪和规范来引导学生，培养其爱岗敬业、服务大众的意识和拥有电信装维技术员的职业素养。

采用多元化、多形式的教学评价机制，贯穿整个教学过程，包括课前学习活动评价、课中实时评价与系统智能考核以及课后行业评价、社区服务反馈等，能有效提升学生学习的积极性和学习效果。

④信息化手段。

云平台、问卷星。

课后拓展：

①教师活动。

a. 根据"电信装维技术员交流群"问卷调查的结果，汇总《家用无线路由器常见故障及排除方法》并上传到云平台。

b. 安排学生在课余时间参与"职教进社区——家庭网络维护志愿者服务站"实践活动。

c. 在线收集社区居民对学生服务的反馈数据。

②学生活动。

a. 通过云平台学习和交流家用无线路由器的常见故障与排除方法。

b. 利用周末及课余时间参加"职教进社区——家庭网络维护志愿者服务站"实践活动。

c. 在线回访社区居民的服务评价。

③设计思路。

学生通过云平台学习探究《家用无线路由器常见故障及排除方法》，并利用所学知识与技能到学校周边的社区，参与"职教进社区——家庭网络维护志愿者服务站"实践活动。通过"工学结合"的模式，让学生学以致用，在实践中得到锻炼，为以后学习专业课程——企业级路由器的配置打下良好的基础。逐步培养学生爱岗敬业、服务大众的意识。

④信息化手段。

云平台、问卷星。

效果与反思：

（1）特色成效。

本课使用理实一体、工学结合的教学模式，采用任务驱动教学法进行教学。以完成家用无线路由器的配置为主线，紧紧围绕路由器 WiFi 设置的教学重点以及端口连接、WAN口设置的教学难点展开教学。借助信息化技术，以学生为主体，完成了理论与实践一体化的教学，为以后教学专业课程——企业级路由器的配置打下良好的基础，也为后续组织职教进社区志愿者服务活动做好准备。

①互联网+教育信息技术贯穿教学过程。课前，学生到学校周边的社区走访并开展在线调查，使用云平台观看动画及微课视频自主学习，完成测试；课中，学生通过 VR 虚拟仿真实训平台进行智能导学、实训及评价，教师通过高清监控系统、智能电子课堂平台对

学生的操作过程进行监控、记录并实时指导纠错；课后，安排学生利用周末和业余时间参与"职教进社区——家庭网络维护志愿者服务站"活动，让学生学以致用，在服务大众的过程中提高技能，培养文明礼仪意识以及爱岗敬业的职业素养。

②使用问卷星系统进行访问调查。在线调查模式可以减少纸张的浪费，培养学生节约能源、低碳环保的意识，同时能有效收集调查数据并进行统计与分析。

③全程数据收集与分析反馈。课前、课中及课后的整个教学过程都通过云平台和多种信息化手段采集数据并分析反馈。

④采用多元化、多形式的实时教学评价模式。利用云平台进行实时评价及数据分析，贯穿整个教学过程，包括课前学习活动评价、课中实时评价与系统智能考核以及课后行业评价、社区服务反馈等，有效增强学生学习的动力，提高教学效果。

实时互评、智能评价、教师点评、 社区反馈、行业考核

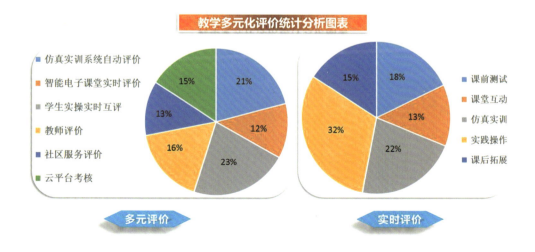

综合考核结果表明，本次课的教学模式及评价机制深受学生的欢迎，学生的学习效果也得到了行业内人士的赞誉，更是得到了社区居民的好评。

（2）反思。

在互联网+教育的时代背景下，我们将继续探索信息化 2.0 的教育技术，不断深入校企融合，在教学过程中逐步安排学生参与电信装维入户服务的观摩与实践，助其立足岗位、筑梦工匠。

案例 02 计算机网络双绞线的制作

一、案例简介

此案例参加 2020 年海南省中职学校教师教学能力大赛获得二等奖，是 2020 年全国职业院校技能大赛教学能力比赛的参赛作品，参赛教师为海南省财税学校的张培青、李达慧、吴冬晓、林娟。授课的主题为计算机网络双绞线的制作，教学时长为 2 课时，参考教材选用职业教育规划教材《计算机网络基础》，参照中职学校教学标准和国家职业标准来组织和重构教学内容，引入企业真实项目，在项目需求分析、项目实施、项目应用等工作过程中开展教学。

二、案例特色

本课使用理实一体、工学结合的教学模式，采用示范教学法、任务驱动教学法进行教学。以计算机网络双绞线的制作为主线，紧紧围绕教学重点以及教学难点展开教学。借助信息化技术手段，以学生为主体，完成了理论与实践一体化的教学，为学生以后成为合格的网络技术员打下良好的基础。

（1）互联网+教育信息技术贯穿教学过程。课前，学生使用各种平台观看动画及微课视频进行自主学习，完成测试；课中，学生通过 VR 虚拟仿真平台进行智能导学、实训及评价；课后，组织学生利用业余时间参与志愿者服务活动，让学生学以致用。

（2）灵活依托蓝墨云软件平台，结合实操过程中的高清监控系统和智能电子课堂平台，有序开展不同阶段的任务，采用"教-学-做-评"一体化模式，有效提高学生的协作学习能力，培养学生的工匠精神。

（3）采用多元化、多形式的实时教学评价模式。利用云平台进行实时评价及数据分析，贯穿整个教学过程，包括课前学习活动评价、课中实时评价与系统智能考核等，有效增强学生学习的动力，提高教学效果。同时，引入先进的职业教育理念和方法，采用复合式的教学设计开展课程创新与实施。

三、案例设计

任务名称： 计算机网络双绞线的制作

授课班级： 2019 级计算机应用专业 1 班

课程名称： 计算机网络基础

授课课时： 2 课时

教材分析： "计算机网络基础"是针对中小型网络构建和管理、维护岗位能力进行培养的一门核心课程。本课程构建于"计算机应用基础"等课程基础上，通过引入企业真实项目，在项目需求分析、项目实施、项目应用等工作过程中开展教学。主要培养学生的综合应用能力，使其能学以致用，完成一个小规模局域网络的构建，同时也培养其团队合作意识、创新精神、职业素质，使之成为计算机网络技术方面的应用型专门技术人员。为更好地对接职业标准，以自编的活页式教材《视频会议网络搭建》作为本课程的实训教材。

任务分析：本任务选自"计算机网络基础"课程，依据人才培养方案、课程标准及企业岗位任务的新形势、新技术、新规范，将视频会议网络搭建细化为三个任务、五个子任务。本课为任务二中的子任务二：网线制作，2 学时。

该任务是项目实施过程之一，要求学生掌握 RJ-45 水晶头制作的方法、标准（568A 和 568B），正确完成网络布线所需的网线制作，为后续的任务应用打好基础。

学情分析：

（1）技能基础：能熟练操作测线仪工具，能使用测线仪工具对网线进行测试及诊断分析。

（2）认知和实践能力：怵理论、愁记忆、爱实操，喜欢网络搭建先进技术，但综合项目的故障分析能力较弱，严谨、规范等职业素养有待提升。

（3）学习特点：喜欢项目式教学方法，喜欢使用对分易平台、VR 平台、仿真软件进行学习。

学习目标：

（1）知识目标：熟悉超五类双绞线的结构，掌握 RJ-45 水晶头制作的方法、标准（568A 和 568B）。

（2）能力目标：能正确、快速地制作网线，独立完成网络布线所需的网线的制作。

（3）素质目标：培育学生爱岗、敬业、诚信的社会主义核心价值观，培养学生严谨、规范的工匠精神和热爱劳动、崇尚劳动的品德。

教学难点：

网线制作过程中的排线顺序。

正确对水晶头进行压线。

确定依据：课前测试结果、课前讨论、往届学情。

难点解决办法：

将诊断过程梳理为"望、闻、问、切"四环节。

望：看排线是否整齐；闻：听压线是否有响声；问：组内模拟问诊；切：使用测线仪进行检测。借助测线仪检测是否正确，从而突破教学难点。

教学重点：

制作超五类网络连接线的方法、步骤。

确定依据：局域网搭建的实际任务要求。

重点解决办法：

借助动画直观展示制作网络连接线的方法、步骤，解决在接线时难以观察的问题，让学生掌握方法，同时让学生将操作步骤名称展示在电子白板上，借助电子白板的展示功能实现生生之间的互评互动，强化记忆，强化教学重点。

学生通过平台测试，检验重点掌握程度，教师依据平台实时反馈的成绩，进行差异化指导。

教学策略：

(1)设计理念：网线制作是"计算机网络基础"课程的第二个学习任务中的子任务，为了突出以学生为主体、教师为主导的教学理念，将课堂延展为"课前探修、课中实修、课后拓修"三个教学环节，为了更好地引导学生快速进入学习状态，采用五个问题将课中实修串联起来：问题1：T568A和T568B的线序有什么区别？(作用)问题2：实现这一作用需要怎样排序？(组成)问题3：这些制作网络连接线的步骤是怎样的？(原理)问题4：出现问题时该如何实施检测？(方案)问题5：该如何确定故障范围？(诊断)并将德育教育、工匠精神和职业素养培养贯穿教学全程，逐步培养"知行合一、德技并修"的新时代"网络医生"。

(2)教法：任务驱动教学法和问题引领法。

(3)学法：自主学习法和合作探究法。

(4)技术资源手段：针对学生综合项目的故障分析能力较弱，严谨、规范等职业素养有待提升，网线的组成和原理难理解的问题，合理利用测线仪、VR仿真实训平台、实时录播微课、智能电子课堂平台等手段，突破教学重难点。

测线仪

VR仿真实训平台

实时录播微课

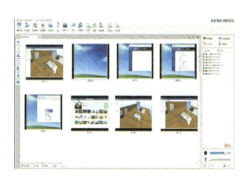

智能电子课堂平台

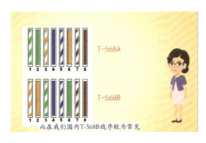

Flash 动画   微课   蓝墨云

教学过程：

分为课前探修、课中实修和课后拓修三个教学环节。其中课中以 5 个问题引领，将实修串联起来，逐阶启发并引领学生思考，逐步达成本任务的教学目标。

教师

1. 在云班课平台发布学习任务； 2. 发布课前任务和问题； 3. 通过在线学习，分析学生情况。	1. 情境导入，引出任务要求； 2. 进一步巩固网线制作原理的学习； 3. 组织课堂实操教学。	1. 在云班课中发布课后任务； 2. 推送实体案例，发布拓展任务。

课前探修   课中实修   课后拓修

学生

1. 根据预习课件及动画进行在线学习； 2. 完成在线测试； 3. 做好课堂工作任务准备。	1. 小组协助、探究式学习，完成设计任务； 2. 提交实操中遇到的故障，及时解决。	1. 完成课后测试； 2. 以小组为单位完成课后拓展任务，上传到课程平台。

实施过程：

(1) 课前探修。

①教师活动。

a. 教师在云班课平台发布学习项目任务：观看预习课件及网线制作 Flash 动画，完成课前在线测试 5 小题。

b. 教师查看云班课平台中的课前预习及测试的统计结果，及时调整教学策略。

②学生活动。

a. 登录云班课平台进行学习，观看预习课件及网线制作的微课或动画。

b. 遇到问题时可以在线查阅资料或请教教师、同学，并做好记录。

c. 完成在线测试题。

③设计意图。

a. 依据问卷调查、测试的结果，教师实时掌握学生的情况，及时调整教学策略并实施分组。

b. 在教师的问题引领下学生有针对性地搜集相关学材，培养学生的自学能力及信息素养。

④技术资源手段。

a. 蓝墨云班课：学生使用手机登录云班课平台自主预习学习资源，通过师生在线讨论，实现教师与技师对学生学习情况的实时掌握，为课上导学、教学过程设计以及调整教学策略提供真实依据。

b. 微课：有效促进学生自主学习，满足学生的个性化学习需求，提高学生学习的能动性。

（2）课中实修（引入任务）。

①教师活动。

a. 播放企业工程师实际制作网线的操作视频，分析相关标准和规范。

b. 展示学生课前自主学习的情况，指出共同性的问题：网线制作过程中的排线顺序容易出错。

c. 分析上一周学生参加跟岗实践的情况并组织学生探讨交流，讲解视频中的操作员如何制作网线并总结上周操作上的不足。

②学生活动。

a. 观看企业工程师实际制作网线的操作视频，学习相关标准和规范。

b. 分享交流上一周参加跟岗实践的心得体会。

c. 跟随教师学习网线制作过程中的排线顺序，学习标准和规范。

③设计意图。

将思想政治教育与技术技能培养有机融合，培养学生诚信的价值观。

（3）课中实修（现场导学，实操实训）。

①教师活动。

a. 演示网线制作的操作过程。

b. 引导学生正确使用网线制作工具。

c. 通过实际操作实时了解学生的实训过程，及时发现问题、指导纠错。

d. 向学生提 5 个问题，并逐一解答。

e. 组织学生利用实际的网络环境对该项目的机房、教室的数据点进行全方位的测试操作，模拟使用过程中的所有操作。分享交流，分析易错点和重难点。

②学生活动。

a. 学生 2 人一组，1 人进行仿真实训，另 1 人通过 iPad 访问教学资源提供帮助，相互探讨，交替进行。

b. 学生通过 VR 仿真实训平台进行智能导学实训及查错纠错，并理解 5 个问题。

c. 根据 VR 仿真实训平台提供的评价数据和提示信息不断纠正错误，重复操作，完成实训任务。

③设计意图。

为学生创设工作情境，使其明确学习任务。

④技术资源手段。

结合 VR 仿真实训平台，进行实物教学，真实感强，使学生感受到接近现实的工作情景。

（4）课中实修（实践操作，完成任务）。

①教师活动。

a. 针对学生在网线制作过程中存在的共性问题和易错点进行演示操作，分析操作的重点和难点。

b. 指导学生规范有序地进行实践操作，完成实训任务。

c. 在网络实训室进行实物的连接操作，每 2 人为一组，进行实物制作、测试。

d. 依据课中测试结果，进行差异化指导。

②学生活动。

a. 学生 2 人一组，分工合作：制作网线并测试其是否能正常使用。

b. 采取"望、闻、问、切"的诊断思路，根据任务书的操作流程和要求来完成实操任务，在实操过程中如果遇到困难，可以通过资源平台查阅资料、观看动画、观看微课或者请教教师指导。

c. 完成课中测试。

③设计意图。

a. 教师在网络实训室巡回观察每一组学生的实际操作，实时了解学生的操作过程，掌握实操进度，及时指导与纠错，有效突破教学重难点。

b. 实现实时讨论、互动评价，充分调动学生的参与性及学习热情，使学生掌握得更快、更牢固。

c. 通过课中测试，教师实时掌握学生的学习情况，进行差异化指导。

d. 培养学生严谨、规范的工匠精神。

④技术资源手段。

实物操作，真实感强，能和实际工作无缝对接。

（5）课中实修（展示点评）。

①教师活动。

a. 组织每个小组演示网线制作的过程，进行点评。

b. 根据每组的故障总结报告，对常见故障进行总结。

c. 教师巡回指导解惑，点评总结。

②学生活动。

a. 小组演示网线制作的过程。

b. 小结故障问题及其解决方法，做好总结报告上传到课程平台。

c. 小组间点评纠错。

③设计意图。

a. 会总结才有提升，小组讨论并记录本组在实操过程中遇到的问题及其解决方法，教师能据此进一步了解学生的掌握情况。

b. 对学生遇到的问题进行手把手的指导，体现"做中学、做中教"的教学理念。

c. 思政：强调团队精神、核心价值观等。

④技术资源手段。

蓝墨云班课：学生上传检修方案到云班课平台，实现学习数据的实时采集，记录学习痕迹，便于课后学习和再提升。

（6）课中实修（总结反馈，多方评价）。

①教师活动。

a. 对学生反映的共同问题进行现场分享交流、点评，现场解决学生困惑。（播放视频）

b. 总结、点评、分析、突破重难点，奖励优秀学生。

c. 播放华为技术员入户服务的微课视频，组织学生讨论服务礼仪及安全规范，为课余时间组织职教进社区志愿者服务活动做好准备。

②学生活动。

a. 反映操作过程中出现的问题，并请教师现场解答。

b. 探讨华为技术员的入户服务的礼仪及规范，培养其爱岗敬业、服务大众的意识。

c. 在线完成实训报告。

③设计意图。

a. 学生通过回顾总结本次课的学习过程，能进一步巩固所学知识和技能，完全掌握重难点知识。

b. 教师以企业技术员的入户服务礼仪和安全规范来引导学生，培养其爱岗敬业、服务大众的意识和拥有网络技术员的职业素养。

c. 采用多元化、多形式的教学评价机制，贯穿整个教学过程，包括课前学习活动评价、课中实时评价与系统智能考核以及课后行业评价、社区服务反馈等，能有效提升学生学习的积极性和学习效果。

d. 思政：强调安全规范操作和社交服务意识。

④技术资源手段。

实操视频：为华为技术员专业点评、组内自评和课后小组互评提供真实依据。

（7）课后拓修。

①教师活动。

a. 结合华为技术员反馈群的调查结果，整理汇总故障问题并上传到云平台。

b. 安排学生课余时间参与"志愿者服务站"实践活动。

c. 在线收集社区居民对学生服务的反馈数据。

②学生活动。

a. 通过云平台学习和交流网线制作常见故障与排除方法。

b. 利用周末及课余时间参加"志愿者服务站"实践活动。

c. 在线回访社区居民对服务的评价。

③设计意图。

a. 通过"工学结合"的模式，让学生学以致用，在实践中得到锻炼，为项目实施打下良好的基础。

b. 学生通过对课后拓展任务的探究，培养信息素养和再学习的能力。

c. 教师通过数据平台的统计数据检验教学目标达成度，做好课后反思和改进工作。

④技术资源手段。

蓝墨云班课：通过云班课平台展示学生对于本任务中教学目标的达成度情况，使学生实时观察自己的成绩与排名，表扬先进、鞭策落后，关注差异化发展。

考核评价：

考核评价贯穿教学全程，通过云班课大数据统计，以经验值的形式，反映学生的参与度和学习效果，关注个体间的学习差异，因材施教。

内容涵盖学生的知识掌握与运用能力、技能操作能力、课堂参与度、德育、工匠精神、职业素养与创新能力。

评价方式包括教师评价、技师评价、小组自评与互评、线上自测考核。

教学反思：

(1)特色创新。

a. 采用任务驱动教学方法，通过五个引导性问题将课中实修串联起来，逐阶启发引领学生思考，逐步达成本教学目标。

b. 突出学生为主体、教师为主导的教学理念，将德育教育、工匠精神和职业素养培养贯穿教学全程，逐步培养"知行合一、德技并修"的新时代网络技术员。

c. 灵活依托云班课平台，对不同阶段的任务有序展开及反馈，采用"教-学-做-评"一体化模式展开，有效提高学生的协作学习能力，培养学生的工匠精神。

(2)反思改进。

由于教学环境和设备的限制，在实际教学过程中很难达到实际应用的水平。但学生在对具体技术掌握上还是达到了基本要求，对日后的工作实践会有很大的帮助。今后将尽可能完善教学设备和教学环境，使其更能接近实际应用，除了为学生构建更丰富的校企合作特色资源外，还应该推进校企合作机制使其更广泛深入。

案例 03 遵守职业道德是从业之本

一、案例简介

此案例参加 2021 年海南省中职学校教师教学能力大赛获得二等奖，代表海南省参加 2021 年全国职业院校技能大赛教学能力比赛，参赛教师为海南省商业学校的吴白杨、黄华超，海口旅游职业学校的王平康，海南省洋浦技工学校的段淑丽。

二、案例特色

（1）教学方式注重"活"与"多"。"活"是活教、活学、灵活互动地开展学习活动。为激发学生的求知欲，增加课堂融入感，让学生积极参与学习互动，在教学中采用了蓝墨云班课教学平台，让学生结合酒店行业实际情况及日常校园生活和家庭生活，通过拍摄视频、采访、制作演讲稿、制作宣传海报等多种方式进行学习，教师针对不同课型采用不同教学方式和手段，灵活应用。

（2）教学环节注重"学"与"用"。教学活动环节以智慧教室为课堂学习重要场所，课前、课后要求学生根据职业岗位要求来完成各项学习任务，为学生创设应用实景，通过角色扮演，充分锻炼了学生的实际应用能力。在作业布置方面，让学生以视频等形式进行展示，使其能在课堂上和课堂下学以致用。

（3）教学设计贯穿核心素养。教学过程以问题为导向，引发学生思考，开发学生智力，通过思辨明理，提升学生的认识水平，培养学生发现问题、分析问题和解决问题的能力。把思想政治理论融入问题情境，融入生活实践，引导学生在思考问题中学习，在学习中思考问题，在学习与思考中悟出道理，把思想政治课堂变成开发学生思维、启迪学生智慧的课堂。

（4）教学利用大数据，加深课堂信息化。在单元教学过程中，在使用蓝墨云班课平台的同时，利用问卷星、微课、微视频、线上研讨等信息化手段，对学生的课前学习、课堂参与、课后成果作品进行数据分析和整理。利用信息化手段快速地了解学生的重难点掌握情况和学习成效。

（5）教学内容结合时事政治。在课堂教学内容中加强了对时事政治内容的应用，能够充分利用该素材的现实特点来调动学生参与课程学习的积极性，进而提升学生的学习效率。另外通过引入时事政治的内容，可以引起学生产生认识层面的冲突，对内容质疑，进而使其转化为深入探究时事政治内容的动力，对于提升课堂教学效果是非常有帮助的。

三、案例设计

授课内容：遵守职业道德是从业之本

课程名称：职业道德与法治

单元名称：知荣辱，有道德

授课对象：酒店管理专业一年级的学生

授课学时：2 学时

授课地点：智慧多媒体教室

授课形式：线上线下混合式教学

内容分析：

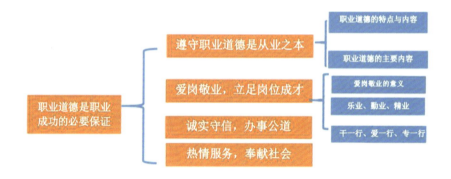

学情分析：

（1）知识基础：通过前期学习，学生已掌握道德的内涵和特征以及职业道德与道德的联系，课前测试结果如下：

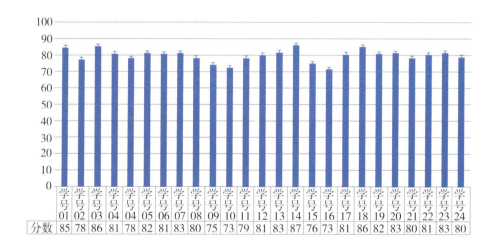

	学号01	学号02	学号03	学号04	学号04	学号05	学号06	学号07	学号08	学号09	学号10	学号11	学号12	学号13	学号14	学号15	学号16	学号17	学号18	学号19	学号20	学号21	学号22	学号23	学号24
分数	85	78	86	81	78	82	81	83	80	75	73	79	81	83	87	76	73	81	86	82	83	80	81	83	80

（2）认知能力：学生对职业道德有一定了解，但不全面，缺乏对职业道德的重视，对于如何培养良好的职业道德尚未形成清晰的认知。

（3）学习特点：学生偏好以视频资源为主的线上学习方式，能够借助资源平台完成课前学习任务，乐于使用小组互助式的学习方式，但缺乏自主意识，需要教师督学。

教学目标：

（1）认知目标：了解职业道德的内涵、特点及作用，理解爱岗敬业的意义与要求。

（2）情感态度观念：能够正视职业道德的重要性和必要性，端正职业态度并树立爱岗敬业意识。

（3）运用目标：在实践运用中培养遵守职业道德以及爱岗敬业的意识。

教学重难点：

（1）重点：培养良好的职业道德，树立爱岗敬业的意识。

（2）难点：自觉践行职业道德规范，强化爱岗敬业的意识。

教学方法：讲授教学法、合作学习教学法、角色扮演教学法、活动体验法。

教学设计框架图：

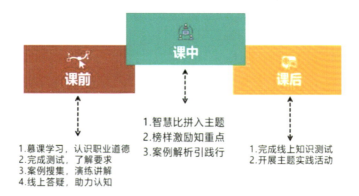

课前导学：

①教师活动。

a. 指导学生登录智慧职教云课堂，观看关于本课程第二章第三节的内容。

b. 要求学生完成理论知识测试（职业道德的特点、作用和主要内容）。

c. 要求学生围绕主题"爱岗敬业"，分组搜集身边案例，制作宣讲课件。

②学生活动。

a. 登录智慧职教云课堂，完成视频学习。

b. 登录云班课平台，完成课前测试。

c. 完成案例搜集，制作 PPT。

③设计意图。

培养学生自主、探究、合作的学习习惯。针对学习情况反馈及时调整教学策略。

④信息化手段。

ICVE 智慧职教云课堂、云班课。

课中实施：

（1）导入主题"职业道德的特点和作用"。

①教师活动。

播放 PPT，让学生根据屏幕上的提示语，猜出相关职业，并说出这个职业对社会的贡献。

②学生活动。

参与活动，说一说这些职业的职业道德规范有哪些。

③设计意图。

以活动形式导入职业道德学习主题，引导学生产生"遵守职业道德是从业之本"的感性认识，并促进教学氛围的活跃。

④信息化手段。

云班课、教学 PPT。

（2）职业道德的主要内容。

①教师活动。

a. 播放视频：本专业优秀毕业生事迹视频。

b. 提问：同学们，结合学长的成长视频，你得到哪些启发？作为酒店管理专业的优秀代表，良好的职业道德表现在哪些方面？

c. 现场采访：云班课随机摇一摇，邀请学生畅谈对职业道德的作用和主要内容的认识。

②学生活动。

a. 观看：观看视频并感受其内在意境，并同教师交流观看感受。

b. 讨论问题：跟随教师的问题逐步思考、理解职业道德的作用和主要内容是什么。

c. 接受采访：根据问题畅谈职业道德的作用和主要内容。

③设计意图。

检验学生的课前预习任务完成情况。教学互动深入，引导学生思考，培养学生的语言表达能力。

④信息化手段。

云班课、教学 PPT。

（3）培养职业精神，践行职业道德。

①教师活动。

a. 案例分享：实习生小唐入职星级酒店后，因缺乏职业道德被辞退的故事。

b. 头脑风暴：结合案例参与头脑风暴，解析小唐被辞退的原因并提出解决办法。

c. 总结：只有具备良好的职业精神，才会自觉践行职业道德，并引用"习语"：大力弘扬劳模精神、劳动精神、工匠精神，建设知识型、技能型、创新型劳动者大军，从而推动实现中华民族伟大复兴的中国梦。

②学生活动。

a. 聆听案例：了解小唐入职又被辞退的历程，边听边讨论。

b. 自省并参与头脑风暴：解析小唐被辞退的原因并提出解决办法。

c. 聆听总结：在书本中找到相关知识点并做笔记。

③设计意图。

案例贴近学生实际，引导学生思考自身存在的不足，进而使其学会辩证看待良好职业道德与职业成功两者之间的关系，树立自觉践行职业道德的意识，破解教学重点。

④信息化手段。

云班课、教学 PPT。

（4）爱岗敬业的意义。

①教师活动。

a. 分享成果：以小组为单位，请学生上台讲解自己课前准备的酒店管理行业对应职业群的岗位职业道德规范。

b. 采访成员：对照本专业的岗位职业道德规范，请学生找出自己的不足之处。

c. 提问：上述的职业道德规范体现出的共同点是什么？

d. 总结：首先对学生的自省表示鼓励并归纳得出共同点是"爱岗敬业"。

②学生活动。

a. 上台讲解：按照课前搜集到的内容进行讲解。

b. 谈感受：谈感受，明差距，谈行动。

c. 讨论、回答问题：小组自由讨论，通过弹幕发表观点。

d. 聆听总结：在书本中找到相关知识点并做笔记。

③设计意图。

分组展示使教学气氛生动活泼。现场采访鼓励学生表达内心真实感受。引导学生总结归纳知识点。

④信息化手段。

云班课、弹幕、教学 PPT。

（5）乐业、勤业、精业。

①教师活动。

a. 提问：爱岗敬业主要体现在哪些方面？

b. 点评发言：针对学生的发言进行点评，引出"乐业、勤业、精业"。

c. 案例解析：

【案例一】优秀毕业生案例：播放某本土星级酒店的符经理的视频，让学生寻找符经理身上具有的精神。

【案例二】身边榜样：我校酒店管理专业教师勤恳工作，数十年如一日投身专业实训指导，培养出多名技能大赛获奖选手。

【案例三】省职业技能大赛中中餐宴会舞台、客户中式铺床状元选手的优秀事迹。

d. 总结：案例中爱岗敬业的优秀员工和选手们都展示了爱岗敬业的重要性和深刻内涵，提出对学生的希望，并加以鼓励。

②学生活动。

a. 讨论、回答问题：小组自由讨论，选派代表发言。

b. 反思问题：对照点评，反思自身对于问题的理解。

c. 讨论案例：在案例分享的过程中，边看、边听、边讨论，逐步感悟乐业、勤业、精业的真谛，与此同时通过弹幕表达内心想法。

d. 聆听总结：在书本中找到相关知识点并做笔记。

③设计思路。

厘清前后知识点的关系，通过身边榜样引发共鸣，帮助学生体会爱岗敬业的重要性，使其能主动端正自己对专业学习的态度，知道如何做到乐业、勤业、精业，破解教学难点。

④信息化手段。

云班课、弹幕、视频、教学 PPT。

（6）干一行、爱一行、专一行。

①教师活动。

a. 问题情境：出示自贸港建设各行各业人员的工作照片以及酒店管理行业从业人员的发展动态新闻，设问：工作后，如果我们每个人都能够做到爱岗敬业，那么会对自贸港建设做出怎样的贡献呢？

b. 点评小结：新时代新机遇，在校期间从自己所学的专业做起，做到乐学、勤学、精学，增强劳动观念，强化爱岗敬业的意识，将来成为优秀的技能人才，助力自贸港的建设。

②学生活动。

a. 讨论、回答问题：小组讨论，制作具体行动的思维导图，拍照上传至云平台，并派出代表上台展示回答。

b. 聆听总结：在书本中找到相关知识点并做笔记。

③设计思路。

增强学生的专业自豪感，使其能从所学专业做起，运用所学提升自我，并提出具体做法，指导学生加以实践完善。

④信息化手段。

云班课、弹幕、思维导图、教学 PPT。

课后拓展：

①教师活动。

a. 在云班课平台发布课后测试题(课中相关理论知识点)。

b. 实践活动：邀请职业生涯规划教师与专业课教师指导学生修订之前制订的职业生涯规划，将在校期间的目标措施融入其中，并具体拓展。

②学生活动。

a. 完成课后测试。

b. 完善职业生涯规划。

③设计思路。

检测课中所学知识点，进一步促进能力目标的达成。

④信息化手段。

云班课。

教学反思：

(1)课后知识测试结果显示，学生能正确描述职业道德内容与爱岗敬业的要点，知识目标达成。

(2)课后生涯规划的修订情况显示，学生能从宏观和微观方面思考自己的未来，并在践行良好的职业道德规范的过程中学会如何克服现实困境，增强了爱岗敬业的意识，能力情感目标达成。

(3)案例再现，虚实结合，实现了思政课堂的有虚有实、有情有义，增强了学生的获得感。

(4)案例主线明确，与专业融通，培养了学生的爱岗敬业意识和职业精神。

(5)课中发现学生运用思维导图并不熟练，在课上花了较多时间来研究相关软件，今后应通过课前培训，进一步提升学生的信息素养。

案例 04　物流入库验收

一、案例简介

此案例参加 2020 年海南省中职学校教师教学能力大赛获得二等奖，参赛教师为洋浦经济开发区高级技工学校的胡翠华、吴波霞。教学内容为中等职业技术学校物流服务与管理专业的"仓储作业实务"课程，授课对象为物流服务与管理专业二年级学生。

二、案例特色

以新冠肺炎疫情为背景，以真实的项目为载体，以工作过程为导向开发课程，从仓储、仓储作业及仓库概述出发，围绕仓储的入库、在库和出库三个作业阶段进行编写。"入库作业"是"仓储作业实务"课程中的第一个阶段，教案结合新冠肺炎疫情的背景、课程标准和知识点要求、物流员"1+X 证书"中级内容进行设计。

教案设计充分运用现有的实训设备，运用云班课平台实现线上线下混合式的教学模式，从虚拟的 3D 实训平台进行模拟作业顺利过渡到实训室实际进行入库流程的操作。教案内容设置了课前线上预习，通过教师线上指导、学生绘制思维导图，使学生自主学习知识点；课间以疫情期间对物资的需要和物流对物资供应的严格把关作为背景，引出工作任务及对完成任务的要求；再通过理论巩固、案例分析、实操演练三个环节，实现"理实一体化"环境中的教学任务；其间结合课间小组互评、教师评价、课后练习、综合评分等环节来评判学习效果。在真实工作过程中培养学生的专业能力、团队协作能力、服务社会意识和严谨认真的工作精神。该课程环节具有学生参与度高、教学成效好、职业能力达成度高的特点。

在教学实施过程中充分运用信息化教学技术，学生利用云班课自主学习理论，在 3D 仓储实训平台进行仿真操作，利用 WMS 仓储管理系统配合仓储实训设备进行实地演练，实现"理实一体化"的过渡，教师利用教学反馈信息系统等开展教学评价和师生互动。

三、案例设计

教学课题：入库验收

授课对象：物流服务与管理专业二年级学生

授课学时：4 学时

课程名称：仓储作业实务

授课地点：多媒体教室+实训室

教学内容：授课教材选用中等职业教育"十二五"规划教材《仓储作业实务》。以课程标准为依据，基于工学结合的实际岗位内容和技能要求，将教材内容整合为七个项目。本次课为项目三入库作业中的任务二，授课内容为"入库验收"，总计 4 学时。

根据课程标准，结合仓管员的岗位要求、商品入库的操作流程和云班课学习反映出的问题，设置了疫情期间医疗物资紧缺的情景，让学生进行入库验收工作。具体如下：

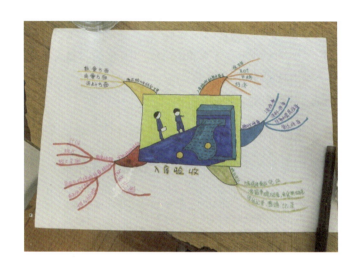

学情分析：

（1）知识基础：学生已对仓储岗位和仓储设备操作进行了学习，已掌握叉车的操作方法，有完成系统作业的基础，已掌握入库流程知识，了解任务。已多次进行分组合作，结果显示，95%以上的学生基本适应团队式学习方法，能完成任务。

（2）能力基础：学生具备一定的自主学习能力，能根据信息独立制作思维导图，并会依此进行口头表达。具备一定的信息搜索和决策能力，但团队合作分析和解决具体问题的能力较差。

（3）学习特点：经过疫情期间两个月的网络学习，学生习惯了通过网络获取碎片化知识，更愿意使用信息化教学方式。喜欢合作、开放的学习方式，喜欢有更多展示自我的机会。学生对实际工作流程操作不太熟悉，学习动机不足，需要在精神上和方法上给予更多的指导。

教学目标：

（1）知识目标：掌握商品入库验收的基本程序和方法，理解完成入库验收时单据的流转。

（2）能力目标：能正确填制《入库单》，能通过练习学会灵活处理验收中出现的问题。

（3）素质目标：培养学生认真细致、负责的职业态度，使其树立服务社会、爱岗敬业的决心。学生学会在工作中相互配合、补充，提高团队合作能力等。

教学重难点：

（1）教学重点：掌握商品入库验收的程序和方法。

（2）教学难点：通过小组合作实际完成入库验收的操作。

教学方法：

（1）教法：情境教学法、任务驱动法、线上线下混合式教学法。

（2）学法：自主学习法、合作探究法、实践演练法。

教学资源：

（1）云班课学习平台、WPS思维导图制作软件。

（2）3D仓储实训平台（场景模拟）、WMS系统、RF手持系统等物流实训室设备。

（3）多媒体网络平台、视频案例库等。

（4）拍摄工具、微信群等沟通工具。

教学流程图：

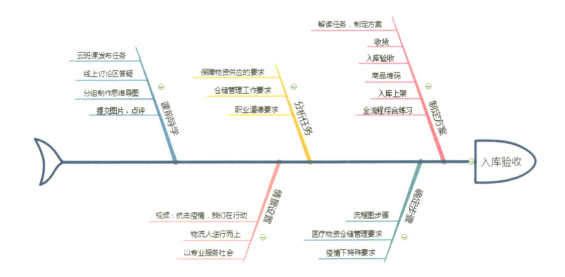

课前导学：

①设计意图。

综合线上线下教学模式的优点，课前通过云班课平台发布学习和实践任务，要求学生用所熟知的思维导图进行表达，激起学生自主学习的兴趣；教师在平台讨论区及时答疑，解决学生在独立学习时遇到的问题，便于教师及时掌握学情；学生在平台上提交作业后，教师能及时进行评价，在激励学生的同时，也能根据学生的实际情况调整教学策略。

分组合作，有利于培养学生的团队合作能力；集思广益，便于学习任务的完成。

②教学知识点。

a. 课本 P46～50，商品入库验收。

b. 用思维导图画出入库验收主要知识点。

③教师发布任务。

a. 登录云班课平台发布任务。

b. 在讨论区设置答疑及思维导图作业提交页面。

c. 对学生提交的作业进行评价。

④学生完成任务。

a. 查看书本知识点。

b. 小组合作制作思维导图。

c. 提交作业，查看评价。

课堂实施：

（1）环节一：情景设置，分析角色。

①设计意图。

结合疫情期间出现的因防护不当造成感染的例子，强调入库验收工作的重要性，让学生重视质量把关；设置情景，代入角色，让学生以工人的身份明确工作岗位的职责，加强对工作责任意识的教育。

②教师活动。

a. 发布视频，设置讨论：看完视频，讨论：为什么要进行商品入库验收？

b. 设置 3D 仓储实训平台，要求查看角色分工及任务。

c. 说明分工，要求各小组成员都分配到角色。

③学生活动。

a. 小组内讨论，谈一谈自己的感受，思考应该怎么办。

b. 查看角色分工及任务。

c. 组内讨论各成员分工，各成员明确自身身份及职责。

d. 理解与提升：认真的学习态度、正确的工作态度、奉献精神。

（2）环节二：储备知识，夯实基础。

①设计意图。

学生通过课前的思维导图制作，对书本知识和流程图已有自己的理解，但是与应用起来指导实际工作还是有一定的差距。为了实现"理实一体化"的教学模式，本环节结合学生制作的图和案例中要完成的任务进行分析，强化拓展与延伸，在实际任务的训练过程中，实现学生能力的提升和价值塑造，完成教学目标。

②教师活动。

a. 组织小组展示，请优秀小组说明画图时的思路和想法。

b. 对小组表现和思维导图的制作进行点评。

c. 展示正确流程图，组织讨论：结合案例分析，我们要完成口罩验收，应准备怎样做？

d. 案例抢答：各组先举牌者先回答。

e. 整理答案，引出任务：制作《入库单》，准备验收工作。

③学生活动。

a. 展示自我：说明制作流程图时的想法和逻辑。

b. 理解与反思：结合教师的讲解查看自己的作品。

c. 课后完善、修改流程图。

d. 组内展开讨论：抢答，展示答案。

e. 讨论验收准备工作。

（3）环节三：制作单据，准备验收。

①设计意图。

分析、讲解微课视频，满足不同学生的需求；在 WMS 系统中展示如何制作《入库单》，学生以信息员的身份进行操作，实现学生能力的提升和价值塑造，其间对学生强调工作要求，学生状态积极，效果明显。

②教师活动。

a. 打开 WMS 软件平台，进行界面介绍。进入《入库单》制作环节，演示操作过程。

b. 指导学生制作单据，纠正错误。提问：如果《入库单》错误，会出现什么问题？

c. 强调思政内容：精益求精、认真严谨的精神。

③学生活动。

a. 独立探索软件模块，了解结构。

b. 学习 WMS 软件平台的操作方法，制作《入库单》。

c. 反复练习：重复"练—评—练"的学习过程，确保真正学会。

d. 讨论回答。

（4）环节四：实操演练，巩固技能。

①设计意图。

通过 3D 实训平台进行操作，近似于游戏的场景和操作方法能吸引学生的注意力，使其在玩中学到知识；利用 WMS 系统和 RF 手持系统进行实际验收工作，实现"理实一体化"的过渡，培养学生分析、解决实际问题的能力；学生分工合作，体验成就感。

②教师活动。

a. 提出问题，现场抢答。

b. 对测试结果进行查看，分析结果。

c. 师生互动总结。

d. 准备实训室实物，组织学生准备《入库单》及其他设备进行验收。

③学生活动。

a. 进行讨论、抢答。

b. 分析错题，再次巩固知识点。

c. 师生互动总结。

d. 小组合作，按要求进行验收。

考核评价：

组织学生进行分组点评、教师点评。学生总结、评价，思考改正。

(1)评价表(分组进行)。

姓名		班级		学号		成绩		
学习内容		入库交接						
步骤	序号	考核标准					配分	扣分
步骤一：核对凭证	1	送货单与入库单内容不相符					8	
步骤二：验收货物	2	实物与单据数量不相符					10	
	3	未找出破损的货物					10	
	4	未找出污损的货物					10	
	5	未找出错误的货物					10	
	6	未找出未封口的货物					10	
	7	对货物交接中出现的货物差错未与送货员进行沟通					11	
	8	对于问题货物没有拒收					10	
	9	对于发现并拒收的问题货物未能码放整齐					10	
步骤三：交接手续	10	未将签字确认好的单据主动递交给送货人员并交接拒收货物，或未将入库单交接并交代给操作员					11	
合计							100	

（2）评价平台（云班课总分榜）。

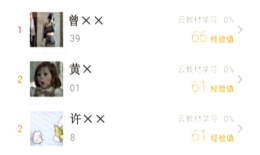

教学反思：

（1）教学效果。

职业教育不等同于学历教育，我们更应该关注的是让学生学得会、用得上。因此在教学内容上以教材为依托，引入职业情境安排教学过程，让学生从身份上产生共鸣，让学生有一定的体验感，提高学生的兴趣，调动学生学习的积极性。

课程体现了以学生"学"为中心的基本理念，以任务驱动、分组完成，实现个体独立学习和团队合作探究学习的交替；充分运用云班课学习平台和教学实训系统，实现了教学内容在课堂内外、线上线下的时空拓展。在学生的职业素养和信息素养有效提升的同时，将学生的能力提升显性化。

在课堂教学过程中始终采用小组合作的形式，从学习到训练再到展示，同时加强教师的引导、协调、监控作用，确保每位成员融入活动中，保证活动质量，让学生体会到团队合作的力量。

（2）亮点与改进。

①亮点：本次课的亮点体现在突破了教材的限制，引入疫情期间物资紧缺、仓储入库管理要求高的情景，以任务为依托开展教学，让学生感受到工作的真实性、服务社会的使命感和对专业的自豪感。

②有待完善之处：由于教学环境的限制，学生在实际工作流程中以单一产品操作为主，不能兼顾所有产品。在后续教学中应提醒学生关注不同商品的入库。

课堂上教师对学生的评价比较主观，课后邀请创业导师、专业教师等登录实训平台给予专业性评价。需要在后续教学中突破教学时空限制，借助大数据功能真正实现量化评价、实时评价和全程评价。

案例 05 　认识棱柱和棱锥

一、案例简介

此案例参加 2020 年海南省中职学校教师教学能力大赛获得一等奖，并代表海南省参加 2020 年全国职业院校技能大赛教学能力比赛，参赛教师为海南省农业学校的唐云、林玉、程军。

二、案例特色

（1）以学生为主体、教师为主导，采用"线上直播观看+线下动手操作"的混合式教学方式。

学生在线上利用学习平台自主学习，教师通过平台监测学生的学习情况，利用线上直播功能及时进行讲解、互动和引导，协助学生完成线上任务，激发学生学习数学的兴趣和学习成就感。改变传统的"填鸭式"教学方式，体现教师的主导作用，符合学生的学习特点，解决其数学学习主动性不高的学情。

教师结合学生线上的学习成果，在线下有针对性地组织教学活动，通过模拟情景、分组讨论等形式，让学生自识形状、动手画图、上台发言，提高学生的动手度和参与度，解决教学重难点问题。

（2）以园林建筑和绿化情况为案例，融合精益求精的工匠劳动精神，改变传统枯燥无味的数学课堂。在教学中将著名古代园林建筑案例引入课堂教学，用古代人民的劳动智慧激励学生，培养学生的工匠精神，使其增强民族自豪感，解决学生对数学认识不到位的学情，体现数学服务专业的目标。

（3）以 VR 虚拟情景引入，创设教学情景，借助信息化技术手段，突破教学重难点，提升教学效果。在认识形状的教学中让学生通过 VR 进入虚拟场景，看着实物说线、面等相关概念，解决学生凭空难想象的学习困难，用 3D 画图器等软件直观呈现柱、锥、球的特征及性质，用 GGB 软件绘图，突出教学重点。

（4）利用软件绘制实际建筑的模型，再观察要点，完成纸上画图，这些能解决学生空间想象、作图、计算等能力不强的学情，帮助学生完成任务，使学生顺利突破教学难点。借助学习通平台，体现教学过程的可评可测，建立学生电子学习档案，提高学习效果。与传统教学方式相比，学习通平台能完成对课前、课中、课后大数据的收集和分析，让教师随时掌握学生学习每个知识点的情况，能发现问题并及时解决。同时，教师根据电子档案对学生进行个性化指导，学生根据电子档案改变学习方法，大大提高了学生的学习效果。

三、案例设计

课题名称： 认识棱柱和棱锥

授课对象： 园林技术专业一年级学生

授课学时： 2 学时

授课地点： 多媒体教室

教材分析： 授课教材选用中等职业教育课程改革国家规划新教材《数学》（基础模块）下册，以课程标准为依据，结合专业人才培养方案，将融合后的第五单元"简单几何体"分成三个专题活动，这是专题一"认识简单几何体的'形'"的第一次课，总计 2 学时。具体内容如下：

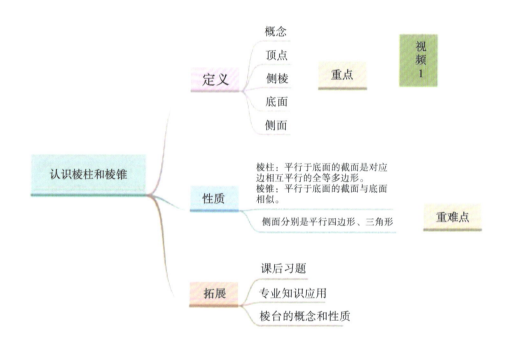

学情分析： 教学对象为园林技术（城市园林方向）专业一年级学生，课前对学生的学习情况做了调查。

（1）知识基础：在初中已经学习了正方形、矩形等平面图形的概念、画法和计算知识，接触过正方体、长方体等简单形体，为学习立体图形打好了基础。经过课前测试，学生能较好地掌握平面图形的形状和概念。

（2）能力基础：课前平面知识测试的平均分为 71 分，有 47% 左右的学生的画图能力、空间想象能力、计算能力均较好。

（3）学习特点：学生喜欢集声音、动画等于一体的情境教学模式，喜欢活跃的课堂氛围，喜欢动手操作，在"做"中"学"更符合他们的特点。有 50%的学生对"立体图形"比较感兴趣，仅有 30%的学生认为"立体几何对专业和生活有帮助"。

教学目标：

（1）知识目标：掌握多面体、棱柱、棱锥、棱台的相关概念，掌握棱柱、棱锥的分类及性质。

（2）能力目标：能根据图形判断出棱柱和棱锥，能绘制出棱柱和棱锥的形状。

（3）素质目标：提升数学学习的兴趣和图形审美的水平，培养勇于探究和善于思考的劳动精神。

教学重难点：

（1）教学重点：棱柱、棱锥的相关概念、性质。

（2）教学难点：能理解棱柱、棱锥的性质和应用。

教学方法：

（1）教法：讲授法、探究法、讨论法。

（2）学法：观察法、归纳法、自主学习法。

教学策略：

（1）利用 VR 技术进行情境教学，激发学生学习数学的兴趣，使其感受数学图形之美，达成教学重点。

（2）借助学习通平台，课前结合团队制作的速课、微课、测试等，掌握学生的课前预习情况，及时调整教学策略。

（3）运用 3D 画图器辅助教学，使学生直观地观察形体，有效突破教学难点。

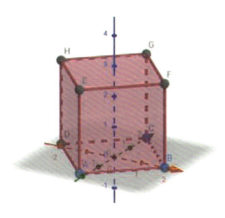

教学资源：课程教学团队自行录制的速课和微课、国家教材配套资源库、学习通平台、VR 技术、3D 画图器。

教学流程图：

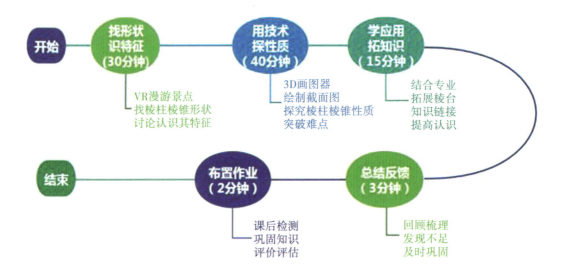

课前导学：

①教学意图。

依托学习平台，复习旧知，预习新知，了解学生的学习问题，及时调整教学策略。

②教学内容。

复习旧知，预习新知。

③教师活动。

a. 在学习通平台发布预习任务：速课、微课、测试及主题讨论。

b. 在班级学习微信群里评价学生的预习情况，及时进行线上指导答疑。

c. 收集平台统计的学习结果，及时调整教学策略。

④学生活动。

a. 观看视频、做测试题、上传图片等，完成预习测试。

b. 积极参与微信群中疑难问题的讨论，与教师交流预习情况，总结问题。

课堂实施：

(1)找形状，识特征。

①教学意图。

利用 VR 技术创设教学情境，让学生身临其境，激发学生学习数学的兴趣，达成素质目标。

②教学内容。

a. 多面体的概念。

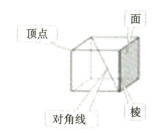

b. 棱柱的相关概念及分类。

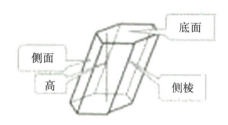

c. 棱锥的相关概念及分类。

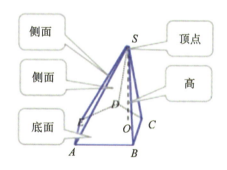

③教师活动。

a. 点评预习情况。

b. 提问：多面体的概念是什么？并举例。

c. 播放学生于课前准备的漫游照片并提问。

d. 播放"颐和园"视频进行引入，讲解建筑特点。

思政：在各种园林古建筑中感受古代人民的智慧。

e. 分组任务：利用 VR 寻找园林建筑中的棱柱形状，并说出相关概念。

f. 总结棱柱的概念。

g. 布置任务：请学生在 VR 漫游景点中找出棱锥的形状，小组讨论，试着说说棱锥的有关概念。

h. 梳理棱锥的概念。

④学生活动。

a. 聆听教师反馈的情况。

b. 积极发言：说出多面体的概念和例子。

c. 回答问题。

d. 观看视频。

e. 完成任务：进入园林景点，观察并寻找棱柱的形状，讨论交流。派代表发言，说出棱柱的相关概念。

f. 聆听教师的总结，理解棱柱的概念。

g. 小组完成：在 VR 漫游景点中寻找棱锥的形状，小组讨论，得出圆锥的有关概念。

h. 与教师共同梳理，理解棱锥的有关概念。

（2）用技术，探性质。

①教学意图。

用 3D 画图器直观、生动、高效地展示图形，总结性质，遵循"做中学、学中悟"的理念，突破教学难点。

②教学内容。

a. 棱柱的性质。

b. 棱锥的性质。

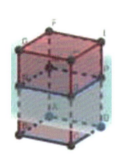

③教师活动。

a. 提出问题：能用 3D 画图器画出棱柱吗？

b. 在学习通上发布任务：用 3D 画图器画出直三棱柱、斜四棱柱、直五棱柱、正六棱柱的图形。

c. 指导学生作图：指导学生先画出棱柱，再用平面去截刚才画的棱柱，并观察截面的形状。

d. 布置课堂练习。

e. 提出问题：能用 3D 画图器画出棱锥吗？

f. 在学习通上发布任务：用 3D 画图器画出斜三棱锥、直四棱锥、正五棱锥、正六棱锥的图形。

g. 引导学生作图：指导学生先画出棱锥，再用平面去截刚才画的棱锥，并观察截面的形状。

h. 提问：用平行于棱锥底面的平面去截它，截面是什么形状？

i. 组织：请一位学生上台分享操作。

j. 要求学生观察模型，问问他们有什么发现。

k. 指导学生解决问题（预习第 4 题）：引导学生探究射影的含义，用勾股定理解决问题。

l. 引导：引导学生观察模型，总结棱锥的性质。

④学生活动。

a. 积极发言：说出自己在预习时观看到的 3D 画图步骤。

b. 动手画图：先利用 3D 画图器里的"多边形"功能画底面，再利用"棱柱、或拉成柱体"的功能画图，加深对棱柱的认识，总结棱柱的性质 1。

c. 动手画图：在作好的棱柱的侧棱上作一个点，选择功能作出相交平面。观察截面，总结棱柱的性质 2。

d. 做课堂练习。

e. 积极发言：说出自己在预习时观看到的 3D 画图步骤。

f. 动手画图：先利用 3D 画图器里的"多边形"功能画底面，再拉成锥体，加深对棱锥的认识。

g. 动手画图：在作好的棱锥的侧棱上作一个点，选择过点作平面来截棱锥，并观察截面形状。

h. 回答问题。

i. 观看同学操作，做课堂练习，总结棱锥的性质 1。

j. 完成任务：观察模型，积极交流，总结正棱锥的性质 1。

k. 思考交流：小组讨论，获取高、斜高、射影等知识。

l. 观察模型，提出想法，与教师共同总结正棱锥的性质 2。

（3）学应用，拓知识。

①教学意图。

既巩固知识又互相学习（课程思政：培养善于思考、严谨的学习态度）。

②教学内容。

a. 例题。

已知正六棱锥底面边长为 8，高为 6，求它的侧棱长。

b. 棱台的概念和性质。

c. 专业知识阅读。

③教师活动。

a. 指导课后习题：课本第 140 页 A 组第 1—3 题。

b. 引导学生用正棱锥的性质 2 求解，判断学生的掌握程度，及时补充知识。

c. 展示图片：展示 VR 漫游景点里棱台形状的图片。

d. 提出问题：棱台的概念是什么？

e. 总结棱台的概念。

f. 布置任务：请学生类比棱柱、棱锥的性质，用同样的方法探究棱台的性质。

g. 引导阅读知识链接：如何修剪棱柱和棱锥形状的盆景？

h. 组织交流：组织学生交流学习知识后对棱柱和棱锥的认识，安排重新查阅相关图片的任务。

④学生活动。

a. 行动：审题，交流，计算，回答。

b. 作答：审题，交流，计算，完成习题，拍照上传至平台，同学互评，打分。

c. 观察图片。

d. 回答问题：用手机查阅资料，交流，回答问题。

e. 聆听教师的总结，理解棱台的概念。

f. 探究棱台的性质：用 3D 绘图器作棱台的截面图，总结棱台的性质。

g. 阅读：与教师一起交流修剪盆景的方法。

h. 上台交流：结合重新查阅的图片，谈谈对棱柱和棱锥的认识。

（4）总结反馈。

①教学意图。

梳理知识点，针对课前的弱项"归纳总结能力不高"进行训练。

②教学内容。

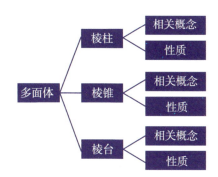

③教师活动。

引导总结：引导学生总结棱柱、棱锥、棱台的知识点。

④学生活动。

思考与总结：回顾课程内容，梳理知识点，总结学习方法，找出优势和不足，便于后期补充与提升。

（5）布置作业。

①教学意图。

引发对下节课的思考，及时考核是对学生的一种鼓励。

②教学内容。

布置作业。

③教师活动。

a. 引发思考：在园林景观中还能见到哪些形体？

b. 布置课后完成的任务：完成学习通上的课后作业。

④学生活动。

a. 思考：引发好奇，关注下节课。

b. 课后学习：写作业。

案例06　民歌情意长——高亢的西北腔

一、案例简介

此案例参加 2019 年海南省中职学校教师教学能力大赛获得一等奖，参加 2019 年全国职业院校技能大赛教学能力比赛获得二等奖，参赛教师为海南省海口旅游职业学校的钱玲、邵泳铭、符祥泉、苏雪倩。

二、案例特色

（1）有机融入思政。通过对中国各地民歌以及少数民族民歌的学习和相关知识拓展，用歌唱的方式多维地认识中国灿烂的民族文化，使思政教育贯穿教学的全过程，打开导游专业学生的视野，提升爱生活、爱家乡、爱祖国的情怀。学习中国民族文化，掌握各地、各民族风俗，不但对今后的岗位工作有帮助，更重要的是能把中国的民歌发扬光大。在学习的过程中，重在感受与体验民歌的形式美与内涵美的统一，激发学生对美的热爱，追求真、善、美的统一，培养高尚情操，完善健康人格，提高文化品位和审美情趣，增强文化自觉与文化自信，丰富人文素养与精神世界，形成适应现代社会生活、就业、交往与发展基本需求的人生观、世界观和价值观。

（2）密切结合专业。导游专业需要培养学生积极阳光与健康活泼的心态，在教学过程中有效结合导游专业特点，渗透导游地理知识，让学生模拟导游讲解民歌，结合民歌地域风格特色体验民歌。引导学生将"讲解""表演"等综合能力有效地结合起来，将学生分为两组导游团队进行比赛，使教学内容丰富多彩，课堂生动有趣，有效地调动了课堂氛围，使学生提高学习积极性，在学习音乐知识的过程中，增强专业能力，较好地发挥音乐欣赏课的整体效应。

（3）符合学生特征。中职学生处于活泼好动的阶段，尤其是动手实践能力较强，充分利用这点结合专业学习开展民歌演唱展示活动，课前课后通过网络开展调查及社会走访活动，能有效调动学生学习的主动性，提高其实践能力。

三、案例设计

课题：高亢的西北腔

授课地点：多功能教室

课程名称：公共艺术（音乐篇）

授课对象：导游专业一年级学生

授课课型：综合型（欣赏与演唱）

授课学时：1 学时

教材：国规教材《公共艺术（音乐篇）》

内容分析：在本课中引导学生感受、体验西北民歌的地方风格，认识"花儿""信天游"等民歌体裁。通过介绍地理位置的特点，结合专业内容，让学生明白该地区的地理人文特色造就了西北民歌的特点，然后结合知识学唱西北民歌。

学情分析：通过上一节课民歌体裁分类的学习，学生已经大致对中国民歌的分布以及特点有了初步认识，本课针对西北的地域文化与民歌特点，进行更深入的欣赏与学习，让学生更深入地了解西北民歌文化，感受西北粗犷豪迈的民歌。

教学目标：

(1)认知目标：结合地理知识，认识西北民歌风格形成的原因及其发展过程。

(2)情感目标：学习西北民俗文化，加深对西北民歌的了解。

(3)能力目标：通过聆听和运用简单的方言学唱西北民歌，感受其风格特点。

教学重点：

(1)了解西北民歌的特点，掌握其风格形成的原因。

(2)深入了解西北民俗文化，加深对西北民歌的认识。

教学难点：学会用简单的方言演唱西北民歌。

教法：启发式教学法。

学法：小组合作法、自主体验法。

教学资源：学习通网络教学平台提供的师生自建教学资源、钢琴。

教学策略：通过赏析几首不同的西北民歌，让学生从旋律、歌词等方面了解、把握西北民歌的特点。在演唱方面，因为学生不会陕北方言，所以只能要求他们尽力模仿其发音，用较为纯正的方式去学习演唱西北民歌，感受西北民歌的美。

课前准备：

①教师活动。

要求学生在中国地图上标出各个地区的地形地貌特点，并上传至网络教学平台。

②学生活动。

a. 在地图上圈出中国几种典型的地形地貌。

b. 讲解所圈区域显著的生活特点。

③设计意图。

让学生温习旅游地理知识，从专业角度分析，为本课教学做好铺垫。

④教学手段。

网络教学平台。

课堂教学：

(1)预习检测。

①教师活动。

检测学生对中国典型的地形地貌的预习情况，并在中国地图上标出西北及黄河的位置。

②学生活动。

观察中国地图上显示的地形地貌特点并思考、回答问题。

③设计意图。

让学生结合导游专业课上所学的地理知识分析问题。

（2）歌曲导入。

①教师活动。

在我国辽阔的土地上呈现着多姿多彩、风格迥异的音乐，我们现在就来听一首风格很独特的歌。你们能猜出这是哪里的民歌吗？

②学生活动。

学生聆听民歌《上去高山望平川》并思考、回答问题。

③设计意图。

通过聆听进行分析。

④教学手段。

视频。

（3）出示目标。

①教师活动。

呈现课题"高亢的西北腔"并展示学习目标。

②学生活动。

记录本课学习目标。

③设计意图。

让学生明确本课学习目标，把握课堂学习的重点所在。

④教学手段。

教学课件。

（4）歌曲赏析1《上去高山望平川》。

①教师活动。

a. 请试着画出歌曲的旋律线，每句的起伏有何特点？

b. 每句歌词都是怎样的格式？

c. 全曲由哪些音组成？请将这些乐音由低到高排列，看看有什么特点？

②学生活动。

逐句欣赏，感受这首歌的歌词、旋律运行方法有何特点。

《上去高山望平川》

◈《上去高山望平川》是一首青海"花儿"。歌词寓意深刻，富有哲理性。其旋律高亢悠扬、开阔起伏、舒展自由，显得大气磅礴。

③设计意图。

通过细致地聆听、欣赏，让学生分析西北民歌的特点。

④教学手段。

视频、教学课件。

（5）知识讲解。

①教师活动。

介绍青海"花儿"的歌词格式为双句双字尾，五声调式。

②学生活动。

认真听讲并记录。

③设计意图。

学会从歌词中了解民歌。

④教学手段。

教学课件。

（6）歌曲赏析2《脚夫调》。

①教师活动。

提问：何为脚夫？这首作品反映了当地人怎样的生活状态？

②学生活动。

聆听、思考并回答问题。

③设计意图。

通过欣赏、学习，了解西北劳动人民的生活对民歌的影响。

④教学手段。

教学课件。

（7）民歌学唱：《山丹丹开花红艳艳》。

①教师活动。

a. 展示歌词，带学生尝试用方言朗读。

b. 依据口口相传的方式，用钢琴伴奏教唱。

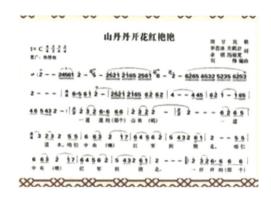

②学生活动。

a. 认真学唱。

b. 分组练唱。

c. 合唱展示。

③设计意图。

通过演唱，深入感受高亢悠扬的西北民歌风格。

④教学手段。

歌曲视频、教学课件。

（8）课堂小结。

①教师活动。

总结西北民歌的风格特点，通过对西北民歌的学习，学生能认识到独具特色的地域风格，感受西北民歌豪放高亢的美。

②学生活动。

学生思考并回答。

③设计意图。

通过对比欣赏，表达自己的观点。

④教学手段。

教学课件。

课后拓展：

①教师活动。

布置任务：欣赏作品《刨洋芋》独唱与合唱两个版本，说出歌曲的特点并谈一谈自己对两种版本的不同看法。

②学生活动。

课后在网上收集资料，欣赏歌曲并将自己的分析或思考所得发布到学习平台。

③设计意图。

锻炼学生课后自主欣赏分析的能力。

④教学手段。

网络教学平台。

教学反思：西北民歌最显著的特点来源于它的地域环境和语言文化。除了课前和课中的学习欣赏外，理解方言的发音和地方语言文化特色也十分关键。学生对于地方方言的认识需要教师作一定的注解，这样可以帮助学生更好地通过歌词认识西北民歌的风格特点。多听多思考是学习的最佳方式，鼓励学生在课后收集西北民歌，多进行对比，对演唱会更有帮助。

案例 07 标准眉形塑造

一、案例简介

此案例参加 2018 年海南省中职学校教师教学能力大赛获得一等奖，参加 2018 年全国职业院校技能大赛教学能力比赛获得三等奖，参赛教师为海南省经济技术学校的吴丹娜、王哲慧。

二、案例特色

根据课程的实践性、综合性和时效性特点，采用项目导向法、情境教学法和小组讨论法相结合的方式，通过信息化教学技术和资源的引入（使用兼具多媒体教学功能的形象设计实训中心），以技能掌握为教学目标，将教学过程分为课前调查预热、课中学习实践、课后复习巩固三个阶段，有效达成教学目标。

（1）课前准备充分统一。教师在课前充分掌握学生对本次课程内容的了解情况；学生完成预习任务，对课程学习有一定的兴趣，达到了教师、学生课前准备充分统一的良好效果。

（2）教学重点显著突出。汇总学生的认知或理解方面的问题，利用交互式电子白板的涂改、存储、多幅展示比对等功能，进行分析讲解和演示，使得"标准眉形的确立"这一教学重点显著突出、清晰明了、易于掌握。

（3）教学难点有效突破。通过进入实操情境，辅以教师补充讲解技术要点，再根据教师操作示范同步进行纸面描画练习，最后完成真人脸型作品，学生循序渐进地掌握了"标准眉形的画法"，逐步有效突破教学难点，明显提高教学质量。

（4）理实一体实施教学。利用形象设计实训中心实施信息化教学，将先进教学技术手段与技能实操密切融合。利用录播设备，在课中创建职业情境，把学生引入真实工作环境，将技能理论与实践操作学习同步结合。

三、案例设计

课题名称：标准眉形塑造
授课时数：4 学时
授课班级：美容美体专业一年级学生
授课时间：2018—2019 学年第一学期第五周
授课教材：《美容化妆》
出版单位：高等教育出版社

授课地点：形象设计实训中心

授课形式：项目导向教学

课程概述：《美容化妆》第二版教材是中职专业课中的重点课程，能满足中等职业学校教育改革与发展的需要，结合岗位专业教育向综合能力的职业教育方向的转变需求，旨在培养高素质劳动者和初级、中级技能型专业人才。

标准眉形塑造的教学内容是《美容化妆》第二版教材中的第三章第三节，强调学生对标准眉形的基础理论和技能的掌握，体现了以素质为基础、以能力为本位，注重学生专业意识和创作能力的培养以及综合职业能力的提高。

标准眉形塑造的教学以面部基础妆容为驱动任务，实施教学做一体教学法，结合教学改革经验等对教材进行适当的调整与开发，要求学生在充分掌握眉毛结构及修眉方法的基础上，再进行标准眉形的确立和画法的实际训练，通过信息化教学手段的应用，培养学生的理解能力、动手能力。

学情分析：

(1)学生学习情况：中职学校的学生生源复杂，文化基础不好，素质参差不齐。特别是刚入学的中职生，对于专业的了解不是很多，对于专业学习以及今后的发展都很茫然。

(2)学生心理情况：中职生的心理表现出多样化和复杂化的特征，他们害怕学习，缺乏耐心，自信心弱，以自我为中心，逆反心理较强，心灵空虚，喜欢追求新奇刺激的事物，存在一定的人际交往障碍，合作精神不够。

(3)学生特点、优势：中职生性格开朗，接受能力、分析能力、思维能力较强，易于接受新事物，信息化技术能力也相当强。

(4)预期学习效果：授课对象为美容美体专业一年级学生，"00后"的他们有想法、有创新思维，渴望成功，对网络、智能终端等信息平台很感兴趣且使用熟练，对美容专业的化妆、礼仪、沟通等课程也比较感兴趣。在教学中通过多元化信息技术手段的利用，突破传统教学束缚，使学生最终全面理解标准眉形的概念和形状，熟练掌握标准眉形的画法。

教学目标：根据"美容化妆"课程标准和现代美容化妆、形象造型设计岗位需求，制定教学目标：

(1)知识目标：

a. 眉毛的结构。

b. 修眉方法。

c. 标准眉形的确立：定眉头、确眉梢、立眉峰。

d. 标准眉形的塑造：前粗后细、前轻后重、上虚下实。

(2)能力目标：准确辨识标准眉形的结构，掌握标准眉形的基本画法。

(3)情感目标：提高学生的审美能力、实践操作能力、独立工作能力、团队协作能力、应变能力、创新能力。

教学重难点：

(1)教学重点：标准眉形的确立。

(2)教学难点：标准眉形的画法。

教学策略：

课前：通过网络教学平台及微课预习新课，提高兴趣。

课中：借助交互式电子白板、学习通 APP、录播设备，抓住重点、突破难点。

课后：利用网络教学平台分享作品、批改作业，掌握学习进度和学习态度。

课前准备：

①教师活动。

a. 通过学习通网络教学平台，让学生完成教师前期布置的调查问卷，通过数据分析，初步掌握学生的参与情况及对眉毛的认识情况。

标准眉形塑造 教学设计体系

通过网络教学平台预习微课"认识眉毛"

↓

基础构建

辩一辩
运用交互式电子白板，学生分组讨论标准眉形的
眉头、眉峰、眉腰、眉梢位置

↓

认一认
用"三分法"讲解标准眉形概念，学生练习掌握标准眉形的确立
（"定眉头、确眉梢、立眉峰"9字要领）

课程理解

看一看
借助录播设备观看标准眉形的画法，塑造真实职业情境，
建立技能理论与实践初步认知

↓

讲一讲
运用交互式电子白板分析讲解标准眉形画法步骤
与12字口诀要领

技能掌握

练一练
使用形象设计实训中心进行实操练习，掌握标准眉形的画法

↓

评一评
运用交互式电子白板点评、展示学生作品

↓

做一做
通过网络教学平台布置、批改作业，通过微课进行复习

b. 播放微课《认识眉毛》，让学生学习眉毛的结构及修眉方法，要求学生思考、记笔记。

②学生活动。

a. 登录学习通网络教学平台填写"眉毛十问"调查问卷并提交。

b. 观看微课，预先学习眉毛的结构及修眉方法，思考并记录相关要点或问题。

③设计意图。

a. 通过网络教学平台收集有关数据，教师分析数据、发现问题，引入本节课内容，课中能更好地把握学生的学习接受情况。

b. 让学生通过课前准备对眉毛的结构及修眉方法有基本了解，使其初步认识眉毛对于面部轮廓整体的重要性，提升其学习兴趣，同时为课中教学建立认知基础。

④信息化手段。

网络教学平台、学生手机、平板电脑、WiFi 信号覆盖等。

课堂实施：

（1）课程导入。

①教师活动。

组织全体学生跟随视频《眉毛操》(视频来源：腾讯视频)的欢快节奏让眉毛舞动起来。通过动一动活动，让学生全员参与到学习活动中来。

②学生活动。

a. 跟随视频《眉毛操》，参与互动游戏，亲身体验，快乐学习。

b. 通过该活动加深对眉毛的认识，加强对眉毛修饰作用的理解。

③设计意图。

让学生直观地感受课程的趣味，全员参与进来。

④信息化手段。

录播设备。

（2）基础构建。

①教师活动。

a. 教师将学生分为五个小组，要求学生在组内讨论标准眉形的眉头、眉腰、眉峰、眉梢分别应该在什么位置。

b. 教师要求每小组选一名代表在交互式电子白板上标出眉头、眉峰、眉腰、眉梢的准确位置，并且说出各自的辨认要点。同时要求其他学生注意观察、思考。

c. 教师对学生在讨论和辨认中存在的问题进行汇总并答疑解惑，最终让学生全面理解并掌握标准眉形的确立("定眉头、确眉梢、立眉峰"9 字要领)。

将眉毛平均分为三等份，即眉头至眉腰、眉腰至眉锋、眉峰至眉梢三部分均等。

眉头的位置在鼻翼和内眼角连线的延长线与眉毛的相交处。

眉梢的位置在鼻翼和外眼角连线的延长线与眉毛的相交处。

眉峰的位置在眉头至眉梢的 2/3 处，眉梢的高度略高于眉头。

d. 组织学生在小组成员间相互寻找标准眉形的眉头、眉腰、眉峰、眉梢的正确位置。

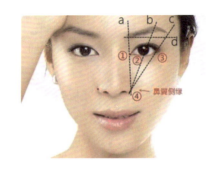

②学生活动。

a. 学生通过分组讨论，每个小组形成一致意见。每组推选一名代表，通过电子白板进行辨认，并阐述理由。

b. 学生分组提交问题，听取教师答疑讲解。

c. 小组成员间两两互为模特，相互确认标准眉形的眉头、眉腰、眉峰、眉梢的具体位置。

③设计意图。

a. 引导学生在小组内自主分析，进行团队协作，形成初步认识。

b. 通过电子白板呈现任务，直观、生动、易于被学生接受。

c. 通过相互辨认、答疑解惑、总结讲解环节，最终达成掌握标准眉形的确立的教学重点目标。

④信息化手段。

交互式电子白板。

（3）精讲示范。

①教师活动。

a. 教师利用录播系统播放本校优秀毕业生在岗实操标准眉形塑造的示范视频，让学生直观了解标准眉形画法的基本步骤与实操过程（教师同步进行必要的补充讲解）。

　　b. 教师利用交互式电子白板讲解标准眉形的基本画法。首先用眉扫或眉梳把眉毛顺着生长方向梳理整齐，再根据标准眉形的比例结构把多余的眉毛去除，为画眉打下良好的基础。用眉粉为眉毛涂底色，刷出标准眉形。用棕色眉笔对眉峰位置进行加深。用黑色眉笔在眉毛的残缺部分，顺着眉毛的生长方向，轻轻地一根一根地描画眉毛，使眉毛更加真实生动。用眉刷将眉头晕染得自然些，自然标准眉形塑造完成。

　　c. 现场邀请一名学生作为模特，教师根据标准眉形画法的步骤进行实操演示，边演示边反复强调重难点，强化知识要点。

　　②学生活动。

　　a. 学生通过录播系统直观学习专业技能，真实感受职业魅力。

　　b. 学生跟随教师对于标准眉形的基本画法的讲解与教学演示，使用发放的纸笔同步进行描画。

　　c. 学生根据教师的讲解与实操演示，对标准眉形的画法步骤与技巧加深理解。

　　③设计意图。

　　a. 通过录播系统观看实操视频，学生能获得直观认知，激发其学习兴趣，然后再导入理论教学，从而达到先看后学、先知后明的教学效果。

　　b. 通过交互式电子白板演示与理论讲授结合，将教学理论同步影像化展现，加速了学生理解吸收的进程。

　　c. 教师规范的实操演示及要点讲解，巩固了学生的理论知识与技能。

　　④信息化手段。

　　录播系统、交互式电子白板。

　　(4)精华提炼，任务驱动。

　　①教师活动。

　　a. 教师着重讲解标准眉形的 12 字诀：前粗后细(眉头粗眉峰细)，前轻后重(眉头的颜色浅、眉峰的颜色深)，上虚下实(眉毛的底线是实的，颜色深，眉毛的上线是浅的)。

　　b. 让学生理解根据 12 字口诀画出来的眉毛才更加自然，而且还会有立体过渡的效果，并掌握方法。

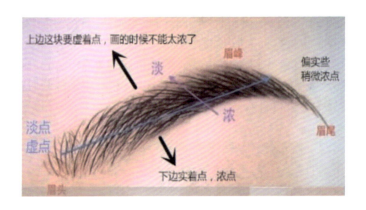

②学生活动。

a. 在教师的指导下记录、反思、总结、提升。

b. 做好实操前的准备。

③设计意图。

a. 提高标准眉形的造型要求及技能手法要求。

b. 让学生树立不断提高创新的意识。

④信息化手段。

交互式电子白板。

（5）技能提升。

①教师活动。

a. 用交互式电子白板展示标准眉形的内容，让学生两两分组互为模特，根据要求进行标准眉形面部实际描画操作。

b. 教师对学生的实操作品完成情况进行指导纠正，指出注意事项，提升学生的技能。

②学生活动。

a. 根据交互式电子白板展示的知识点，在教师的指导下进行实操练习。

b. 在教师的指导下熟练掌握标准眉形的画法。

③设计意图。

让学生通过实操，深刻理解课堂教学内容，熟练掌握标准眉形的画法，提升审美能力，体验成功，突破教学难点。

④信息化手段。

交互式电子白板。

（6）考核评价。

①教师活动。

教师对学生作品进行评分，评选优秀作品并组织观摩。最后进行综合评价，肯定学生的学习成果，更好地调动学生对新知识的学习主动性与积极性。

②学生活动。

a. 自我评价：学生自己评价任务完成情况及分享完成过程中的感受。

b. 小组评价：学生对自己小组的教学活动参与程度及成员间的合作情况进行客观

评价。

③设计意图。

通过课程作品评价体系，教师全面了解学生对于教学重难点的掌握情况，查漏补缺，激励上进。

课后拓展：

①教师活动。

a. 在学习通 APP 上推送"标准眉形你来画"的检测练习。

b. 通过网络教学平台，关注学生的作业完成情况，并及时批改。

②学生活动。

根据教学要求，认真完成相关作业。

③设计意图。

根据作业情况，了解学生对本学习内容的掌握程度，关注学生的学习态度。

④信息化手段。

网络教学平台。

效果与反思：

（1）课前准备充分统一。教师课前充分掌握学生对本次课程内容的了解情况；学生完成预习任务，对课程学习提起兴趣，达到了教师、学生课前准备充分统一的良好效果。

（2）教学重点显著突出。汇总学生的认知理解问题，利用交互式电子白板的涂改、存储、多幅展示比对等功能，进行分析讲解和演示，使得"标准眉形的确立"这一教学重点显著突出，清晰明了，易于掌握。

（3）教学难点有效突破。通过进入实操情境，辅以教师补充讲解技术要点，再根据教师操作示范同步进行纸面描画练习，最后完成真人脸型作品，学生循序渐进地掌握了"标准眉形的画法"，逐步有效突破教学难点，明显提高教学质量。

（4）正确处理信息化教学技术的使用与学生认知规律的关系，避免课程教学容量过大、信息切换过于频繁导致教学效果不佳。

（5）加快教学信息资源库的建立，更好地对课程内容进行收集、分类、整理，以应对学生日益增长的学习需求。

案例 08　呵护秀发的秘密——头皮检测

一、案例简介

此案例参加 2018 年海南省中职学校教师教学能力大赛获得二等奖，参加 2018 年全国职业院校技能大赛教学能力比赛获得三等奖，参赛教师为儋州市中等职业技术学校的黄庆、杨昌鑫、王亚明。

二、案例特色

在教学过程中运用信息化技术手段，让课堂形象生动起来，激发学生的学习兴趣，使其加深印象，巩固知识；让学生在有限的课堂中，能接触更多模拟实际工作的场景。

紧贴行业，拓展教材。美发行业是紧贴时尚的行业，教材的更新速度远远不能跟随市场，需要通过网络调研，把握市场动向，对教材的知识进行拓展。

通过使用移动教学平台，实现学生课前的预习，把课堂教学重点反复重现，有助于学生自主解决技术难点，调动学生参与的积极性。对学生的数据进行记录和分析，结合现场的技能评价，诊断课堂教学效率。通过学生的亲身实践，教师在第一时间掌握学生完成任务的情况，给予学生最直观的反馈，调动学生的积极性和主动性，体现在"做中学，学中做"的理念，达到知行合一的效果。让学生进入真实的工作情境，通过仿真模拟的形式自主探究和亲身实践，在轻松快乐的过程中掌握新知，提高了学生的实际应用能力。

采用美发仿真实训教室，能够根据教学的需要设置相应的情境，学生在模拟情境中根据任务安排做合适的服务训练。教师将自己的教育意图渗透在日常的美发工作情境之中，以活动为载体，通过师生间积极地交往与互动，帮助美发专业学生获得社会性知识，形成积极的社会性情感体验。

采用教学智能一体机，呈现本课题的教学目标与教学内容，可以通过一体机进行视频播放、抢答问题、随机抽签，在教学过程中可轻松地将教学内容发送给学生，学生无须分心做笔记，提高教学效率。

三、案例设计

课程名称：洗护基础
授课标题：呵护秀发的秘密——头皮检测
授课课时：2 课时
授课班级：美发与形象设计专业一年级
授课地点：美发仿真实训教室

授课形式：理实一体化教学

课程概述："洗护基础"是美发与形象设计专业的基础课程，是美发岗位设计中的第一个岗位——美发助理必须掌握的技能和知识。本课程旨在培养学生对客人的头皮和毛发的分析能力，能针对头皮和毛发的实际情况使用正确的洗护产品，为客人提供对头皮和毛发有利的饮食作息方面的建议，使学生学会关心、爱护、尊重客人，懂得以人为本，拥有关爱头皮和毛发健康的职业素养，为形成综合职业能力打下坚实的基础。

本课程重视学生现场洗护综合能力的培养，课程教学以案例任务驱动，实施理论与实践一体化教学模式，加强信息化教学手段的应用，培养学生针对头皮和毛发的生理状况进行洗护的能力。

学情分析：授课对象为美发与形象设计专业一年级学生，根据已掌握的洗护考核的综合成绩，分析其学情特点如下：

（1）不能很好地记住头部按摩穴位的名称。

（2）洗护和按摩技能掌握得很好，但不能针对个体情况调整技能。

（3）不熟悉岗位的服务语言技巧。

（4）"99—00 后"有想法、有创新能力，不拘一格，学习东西想速成。

（5）对网络、自媒体、智能终端等很感兴趣并且使用熟练。

（6）美发专业的男生较多，对技能操作的课程比较感兴趣。

同时，也发现影响他们学习质量的主要因素包括学习兴趣、自主学习能力、实践能力、团队合作能力等。

教学目标：

（1）知识目标：明白头皮的生理知识，了解头皮问题的症状及种类。

（2）技能目标：能准确分析顾客头皮的症状，掌握头皮检测的方法。

（3）素质目标：培养主动思考的习惯，认识团队合作的重要性。

教学重点：了解头皮问题的症状。

教学难点：掌握头皮检测的过程。

参考资料：

（1）参考教材：国家职业资格培训教程《美发师（中级）》，中国就业培训技术指导中心组织编写。

（2）教学标准：市中等职业学校美发与形象设计专业人才培养方案，"洗护基础"课程标准。

（3）参考文献：网络搜索，美发企业内训资料。

教学过程设计：在头皮护理的教学中，如果是在传统的教学模式下，仅要求学生背熟知识点，就会很轻松；如果想在学习过程中对学生进行有针对性的分析，增加学生的进步感，这就需要教师在课前的安排上花一些心思，除了知识的归纳以外，还要在教学语言上进行设计。本课程采用信息化教学手段来辅助教学就可以最大限度地增加学生的进步感和学习欲望，也可以很好地对学生进行有针对性的分析。在现代信息化技术普及的背景下，理论与实践一体化的教学模式依托移动教学平台、多媒体一体机等教学资源，把教学分为课前准备、课中学习和课后拓展三个阶段。而课中学习又包括课堂导入、讲解示范、课堂指导、模拟演练和总结五个环节。教学流程如下图所示：

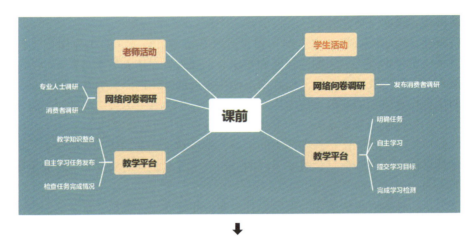

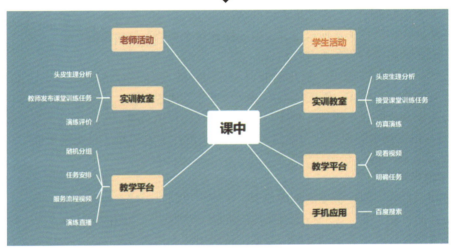

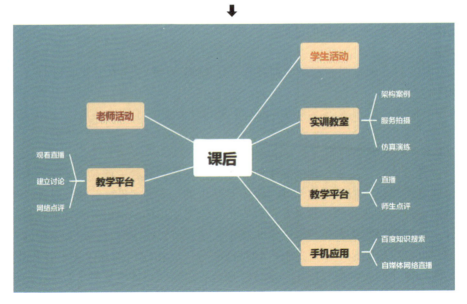

教学环节：

（1）课前准备（课前一周）。

①教师活动。

a. 发起头皮老化程度网络调研。

b. 整合教学资源和知识。

c. 利用移动教学平台发布头皮知识。

d. 发布知识测试。

e. 通过后台数据分析学习情况。

②学生活动。

a. 通过移动教学平台学习头皮生理知识。

b. 完成知识测试。

③设计意图。

a. 通过移动教学平台收集有关数据，了解学生的自主学习情况，便于订制课堂教学方案。教师发现问题，有针对性地引入本节课内容。

b. 对每次课程的成绩给予积分，以提高学生的学习欲望。

资源平台：移动学习平台。

（2）课前准备（课前 3 天）。

①教师活动。

a. 在移动教学平台发布与头皮护理相关的综艺节目视频。

b. 发布学习任务——看视频写作业。

c. 根据后台统计分析调整教学手段。

d. 课堂分组安排：根据作业完成效果进行分组，共分成 4 组，每组 5 人。

e. 发布小组任务。

②学生活动。

a. 观看视频。

b. 完成分组。

c. 各组分别组织讨论，并推选一名代表上台发言（3 分钟以内）。

③设计意图。

a. 让学生看有关头皮护理的综艺视频，增强学习的趣味性。

b. 通过综艺视频让学生知道，其实美发师这一职业不仅需要掌握技术，还需要很多知识储备。

c. 通过视频知道，在头皮检测的过程中可以借助科技来辅助分析。

（3）课前反馈，引出新课（20 分钟）。

①教师活动。

a. 各组派一名代表上台对自己组的课前讨论进行发言，不超过 3 分钟。

b. 教师总结学生的讨论，并引出教学重点：头皮检测的过程。

②学生活动。

a. 学生提前进入教室进行分组，班长做好常规检查。

b. 各组代表对课前讨论进行总结。

③设计意图。

a. 通过学生代表对课前讨论的总结，可以加强学生对知识的理解，也可以充分地检测出学生的观察力和应变能力。

b. 教师的点评可以为学生在实际工作中解决问题提供借鉴。

（4）学生练习，教师纠错（15分钟）。

①教师活动。

a. 由两名学生现场演练头皮检测方法。

b. 教师现场纠错，并演示头皮检测的操作流程。

c. 学生集体进行仿真训练，教师循环指导。

②学生活动。

a. 模拟演练。

b. 集体仿真训练。

③设计意图。

a. 引导学生思考检测方法。

b. 吸引学生关注教师的检测方法。

（5）模拟实践，团队合作（25分钟）。

①教师活动。

a. 在移动教学平台建立一个检测图片的话题。

b. 要求学生把检测的照片发到话题里，并备注好组别。

c. 游戏规则：每人必须使用检测仪。每人必须拍一张头皮取样的照片，并留存。每人必须把取样照片发到移动教学平台的检测图片这一话题里。每组最后一名组员完成上传的时间决定了各组的成绩。智能一体机呈现各组上传照片的时间。通过竞赛，教师总结，引出教学重点：头皮问题的症状。

②学生活动。

a. 分组讨论游戏策略。

b. 确定合作方案。

c. 进行实战游戏。

d. 上传照片到检测图片的话题里，确定优秀团队。

③设计意图。

a. 促进团队合作。

b. 强化操作训练。

c. 看见自己头皮的检测结果后，促使学生对自己头皮的症状产生强烈的了解愿望。

（6）掌握问题，熟悉症状（10分钟）。

①教师活动。

a. 油性头皮症状分析。

b. 头皮瘙痒症状分析。

c. 头皮屑症状分析。

d. 脱发症状分析。

e. 健康头皮分析。

②学生活动。

a. 在课堂上专心听讲。

b. 使用手机近距离分析案例。

③设计意图。

通过案例分析帮助学生直观地了解头皮症状，为课后对自己的头皮进行分析打下基础。

（7）实例分析，巩固知识（10分钟）。

①教师活动。

a. 发布头皮分析题。

b. 让学生在3分钟内完成测试。

c. 根据后台统计的得分结果，选出代表进行总结。

②学生活动。

a. 完成分析测试题。

b. 得分最高的学生上台分享。

③设计意图。

a. 提升学生的分析能力。

b. 为课后作业诊断书的填写打下基础。

（8）课堂总结（15分钟）。

①教师活动。

a. 实践演练可以调动学生学习的积极性，促使学生主动思考，寻找相关资料。

b. 在实际工作中，客人的头皮症状不仅仅是我们今天所学的这些，很多时候我们会发现客人的头皮是几种症状混合在一起，所以对头皮的判断准确与否，是由工作是否用心来决定的。

②学生活动。

a. 学生代表上台总结今天的练习心得体会。

b. 整理个人卫生，对工作场地进行清洁。

c. 按组把队伍排好，进行站姿训练。

③设计意图。

a. 让学生养成主动与客人有效沟通的习惯。

b. 客人信息的搜集与掌握，有利于学生的职业生涯发展。

c. 结合工作岗位要求，完善工作概念。

(9)课后作业拓展。

①教师活动。

a. 对自己的头皮状况进行分析，并填写诊断书，针对自己的情况，选择合适的洗发水。

b. 发布产品使用知识到教学平台。

c. 针对问题头皮选择产品。

d. 关注头皮护理服务视频的点击量并做好评分。

②学生活动。

a. 填写诊断书。

b. 在移动教学平台上预习知识。

c. 在网络上搜集适用于各种头皮的产品的信息。

d. 拍摄头皮护理优质服务流程的视频。

e. 在移动教学平台和自媒体平台上发布视频作业。

③设计意图。

a. 让学生主动学习知识。

b. 提高学生的基本写作能力。

c. 让学生习惯借助网络学习。

d. 让学生真实感受到手机和网络不只是可以用来打游戏，还能用来学习。

教学效果反思：

教师采用信息化手段，让课堂生动起来，激发学生的学习兴趣，使其加深印象，巩固知识。

如何让学生在有限的课堂中，能接触更多模拟实际工作的场景，是我们在信息化资源建设过程中要考虑的。

学生课前通过移动教学平台对知识进行了解，有利于课堂教学的开展，使学生能主动和教师互动。

课堂上充分发挥学生的主动性，引导学生积极探索、大胆尝试、分组讨论，培养学生的团队合作意识。

教学特色创新：

美发行业是紧贴时尚的行业，教材的更新速度远远跟不上时尚潮流发展与市场变化，但通过网络调研把握市场动向，可以对教材进行拓展。

移动教学平台的使用，可以实现对课前知识的预习，也可以把课堂教学重点反复重现，有助于学生自主解决技术难点，调动学生参与的积极性。

通过移动教学平台对学生数据进行记录和分析，结合现场的技能评价，诊断课堂教学效率。

通过学生的亲身实践，教师在第一时间掌握学生完成任务的情况，给予学生最直观的反馈，调动学生的积极性和主动性，体现在"做中学，学中做"的理念，达到知行合一的效果。让学生走上仿真的工作岗位，通过仿真模拟的形式自主探究和亲身实践，在轻松快乐的学习氛围中掌握新知，提高了学生的实际应用能力。

案例 09　黄瓜育苗技术——黄瓜育苗基质的准备

一、案例简介

此案例参加 2019 年海南省中职学校教师教学能力大赛获得二等奖，参加 2019 年全国职业院校技能大赛教学能力比赛获得三等奖，参赛教师为海南省农业学校的刘忠芹、陈丽娜、苏珊珊、赵俊。

二、案例特色

该课以培养学生的实操能力为重点，教学实施过程主要分为课前准备、课堂实施、课后拓展三个环节。课程以黄瓜培育壮苗作为工作任务，采用任务驱动教学法，以任务驱动的形式进行理论讲授和实操训练。按照"三段—六步—八任务"组织教学的实施，以学生"知原理、懂步骤；识规范、强技能；会总结、乐分享"为目标，采用"教-学-做-评"一体化模式展开教学。任务明确，采用测试进行反馈，确定课程难点。通过头脑风暴、直观演示、模拟(仿真)训练，解决难点，提高学生的实践技能，很好地实现了以学生为中心的教学。

开展头脑风暴，引导学生学会查找资料，综合分析各影响因素，总结出解决问题的措施，并从中获得成就感，激发学习兴趣，从而更好地理解、掌握技术要点。

借助信息化手段，提供在线学习平台，引能工巧匠进课堂，解决时间、空间上的教学资源难题，并能及时为学生解答疑惑，开展测试与反馈，清晰掌握学习情况。

在教学过程中及时将教师的示范操作视频进行直播、投屏，清晰呈现操作要点，便于课中学习与课后复习，解决技术难点。

线上线下课堂都要以学生为主体，线上教学资源以往届生存在的难点为重点，在线下课堂教学中给足学生参与、体验的机会，培养学生良好学习习惯的养成。

重视学生的学习成果，关注学生的职业意识成长。将学生选种到嫁接后管理的成果布置成一个成果展示及技能训练型的实训教室，熏陶学生学农爱农的职业岗位气质。在教学中将课程内容的技能点紧密结合现实，逐步渗透爱国、尊长及学农爱农的情操。

三、案例设计

课题：黄瓜育苗基质的准备

课时：2 课时

课程名称：冬季瓜菜绿色生产技术

授课班级：18 级 3+2 果花大专班

学习者特征：本课程的教学对象为中职果花专业二年级学生，18 级 3+2 果花大专班是学制五年制的大专班，学生均为统一参加中考考入我校的初中毕业生，年龄大多在 16~17 岁之间，全班共 32 人，基本上男女生人数各一半。他们均在一年级时已学《植物生产与环境》《农业生物技术》《植物学》《化学》等课程，且已了解了辣椒播种育苗、黄瓜生物学特性、黄瓜种子的选购、种子播种前的处理等相关知识。

学生已能根据对黄瓜优良品种的选购要求选购到自己想要的种子和已完成了黄瓜种子的浸种消毒、催芽，知道种子表面是带有病菌的，育苗基质除了可提供种子发芽生长所需的营养外，其本身也是带有病菌的。要保证黄瓜幼苗的正常成长，要对基质进行消毒。他们很想亲自体验育苗基质的配制与消毒。

对于专业课的教学，学生最喜欢的方式是实践，期望本课程能尽快让他们参与体验育苗基质的配制与消毒、播种、育苗、嫁接等。且学生在互联网时代中成长，信息获取能力强，希望课堂活动丰富，以互动交流、探讨为主，提高他们的实践技能操作能力。

教学目标：

(1)知识目标：理解基质材料的性质、药剂溶液的计算和配制等理论知识。理解育苗基质药剂消毒的原理。

(2)能力目标：能根据配方完成黄瓜育苗基质材料的准备和配制。能完成黄瓜育苗基质药剂消毒等。

(3)素质目标：让学生乐于与同学分享和交流学习经历和经验。让学生树立积极正确的价值观，增强团队协作精神和安全生产意识；培养学生学农爱农的劳动情怀，树立现代农业生产观念。

教学重难点：

(1)教学重点：黄瓜育苗基质的配制比例以及消毒药剂溶液的配制与消毒。

(2)教学难点：黄瓜育苗基质消毒药剂溶液的配制。

教学策略：

(1)课前：自主学习，初步了解常用的黄瓜育苗基质的配制方法。

主要采用任务驱动法来实施教学。课前，学生登录学习通教学资源平台，学习课件、微课《黄瓜育苗基质的配制》《黄瓜育苗基质的消毒》；观看操作视频《多种黄瓜育苗基质的配制和消毒》，并在不懂的地方进行标注，完成课前在线测试题。

教师查看学习通平台上的课前预习资料的阅读及测试结果的统计结果，调整教学内容和策略。

(2)课中：合作探究，领悟不同种类的黄瓜育苗基质的配制及消毒方法的优缺点等，根据当地的实际情况，选择取材方便的基质材料和低成本的消毒药剂，完成黄瓜育苗基质的准备工作(配制与消毒)。

采用任务驱动法，通过微课、多媒体资源、网络资源等信息化手段，综合运用情境教学法、讨论法、直观演示法等教学方法，引导学生在了解不同基质的配制及消毒方法的基础上，根据当地的实际情况，选择取材方便的基质材料和低成本的消毒药剂，完成黄瓜育苗基质的准备工作(配制与消毒)。

(3)课后：活动拓展，完成课后作业：观察基质的消毒情况，一周后打开薄膜让基质通风透气。

在学习通平台上完成课后作业；查找资料，从选材便利和成本的角度考虑，总结不同种类的黄瓜育苗基质的配制及消毒方法的优缺点。

将课程与专业、生产实情相结合，从选材便利和成本的角度考虑，综合分析不同种类的黄瓜育苗基质的配制及消毒方法的优缺点，向农户推荐最佳黄瓜育苗基质的配制及消毒方法，树立自信意识。

教学过程： 分为黄瓜育苗基质的配制和基质消毒两个环节，学生通过图示了解基质的选材和配制比例，通过示范视频掌握基质的配制及消毒方法。教师采用重点例子进行讲解，学生学习药剂用量的计算方法，教师设置问题引导学生查找资料、讨论，总结出不同基质的配制及消毒方法的优缺点。最后通过小组实训、作品分享、教师点评，学生学会结合当地生产实情，从选材便利和成本的角度考虑，完成基质的配制与消毒，并向农户推荐使用。

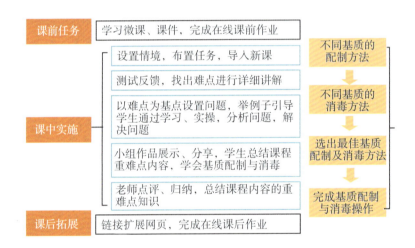

教学环节：

（1）课前任务（课前四天）。

①教学内容。

a. 微课：黄瓜育苗基质的配制方法（5种），黄瓜育苗基质的消毒方法（3种）。

b. PPT：黄瓜育苗基质的配制、黄瓜育苗基质的消毒。

c. 课前任务单：课前在线作业。

②教师活动。

a. 提前四天发布观看微课、课件PPT以及做课前在线测试题等任务。

b. 引导学生观看微课、课件PPT等，完成课前在线测试题等任务。

c. 教师查看学习通平台上的课前预习及测试的统计结果，调整教学策略。

③学生活动。

a. 登录班级学习通平台，观看微课视频及课件PPT，预习课程内容，在不懂的地方进行标注。

b. 完成在线测试题。

（2）设置情境，导入新课。

①教学内容。

a. 观看土壤（基质）内病菌活动情景的视频，提出土壤（基质）内是有病菌的，指出它们是黄瓜幼苗期病害的病原。

b. 任务：根据当地生产实情，就地选择材料，配制黄瓜育苗基质并进行消毒。

②教师活动。

a. 播放土壤（基质）内病菌活动情景的视频，布置任务，导入新课。

b. 设置学生为技术人员的身份，引导学生完成基质的配制与消毒，导入新课。

③学生活动。

a. 观看视频，做好笔记并思考问题。

b. 带着任务进入学习。

（3）测试反馈，找出难点。

①教学内容。

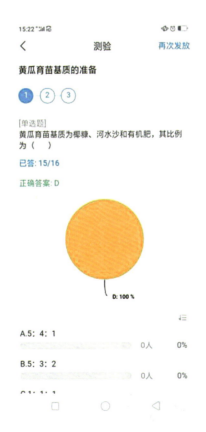

②教师活动。

利用学习通平台发布测试题，检测学生的学习情况，并进行答疑。

③学生活动。

完成测试题，并查看学习通平台上的成绩统计结果，了解自己的知识掌握程度。

（4）思维导图，总结知识。

①教学内容。

出示黄瓜育苗基质的配制与消毒思维导图。

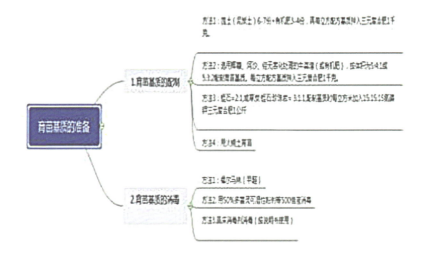

②教师活动。

用思维导图总结黄瓜育苗基质的配制与消毒的相关内容，并对学生的疑难点进行解答。

③学生活动。

通过思维导图，掌握黄瓜育苗基质的配制与消毒操作步骤。

（5）结合图片，讲解知识。

①教学内容。

基质的配置：

方法1：选用前茬没种过瓜类的园土（泥炭土）6—7份加有机肥3—4份，在每立方米的配方基质里拌入三元复合肥1千克。

方法2：选用椰糠、河沙、经无害化处理的牛粪渣（或有机肥），按体积为5∶4∶1或5∶3∶2配制育苗基质。在每立方米的配方基质里拌入三元复合肥1千克。

方法 3：草炭∶蛭石∶珍珠岩＝3∶1∶1，配制基质时每立方米加入 15∶15∶15 的氮磷钾三元复合肥 1 千克，或在每立方米的配方基质里加入 1 千克尿素和 1 千克磷酸二氢钾，或 1.5 千克磷酸二铵，将肥料与基质混拌均匀后备用。

方法 4：用火烧土育苗。

介绍 4 种基质的选用材料与配制比例(注：体积比例)。

②教师活动。

a. 用文字、图片列出 4 种黄瓜育苗基质的配制方法(选材和比例)。

b. 讲解基质所用材料的性质(吸水性、透水性、营养成分等)。

③学生活动。

看图片了解基质所用的材料和其性质(如吸水性、透水性、营养成分等)，分析基质中水分含量的多少。

(6)示范讲解，学会计算。

①教学内容。

基质的消毒：

方法1：把福尔马林(甲醛)加水配成100倍液向培养土喷洒，1立方米培养土需福尔马林0.2—0.25千克，喷洒后将培养土拌匀堆置，覆盖塑料薄膜闷2—3天揭开，10—14天后，待土中药气散尽即可使用。此法可防猝倒病。

方法2：用50%的多菌灵可湿性粉剂等500倍液进行消毒。

方法3：用苗床消毒剂进行消毒(按说明书使用)。

②教师活动。

a. 用文字、图片列出 3 种黄瓜育苗基质的消毒方法(药剂和浓度)。

b. 举例子讲解药剂用量的计算和配制方法。

③学生活动。

a. 看图片了解药剂的类型、浓度。

b. 学习药剂用量的计算和配制方法。

(7)观看视频,掌握步骤。

①教学内容。

观看不同基质的配置与消毒的操作视频,记录下其操作步骤并分享。

注意:不同材料的配置比例为体积比。

②教师活动。

教师播放不同基质的配制与消毒的操作视频,让学生观看并分组讨论、互相交流,总结出基质配制的操作步骤。

③学生活动。

学生观看视频,进行小组讨论,在教师的引导下画出基质的配制与消毒操作步骤的思维导图。

(8)分组讨论,寻找佳法。

①教学内容。

根据前面所讲解的育苗基质的配制与消毒方法,结合当地生产实情,从选材便利和成本的角度考虑,完成基质的配制与消毒,并向农户推荐使用。

填写表格:

序号	保水性	透水性	营养
方法 1			
方法 2			
方法 3			
方法 4			

②教师活动。

根据不同基质的配制与消毒方法,通过查找资料、使用头脑风暴法,完成表格的填写,总结出最佳基质的配制与消毒方法,并向农户推荐使用。

③学生活动。

学生通过查找资料、综合分析、使用头脑风暴法,总结出最佳基质的配制与消毒方法,并向农户推荐使用。填写表格并分享成果。

（9）技能训练，规范操作。

①教学内容。

以小组为单位，按照要求完成黄瓜育苗基质的配制与消毒技能操作。

②教师活动。

布置技能操作任务，并巡堂检查、指导，规范学生的操作行为。

③学生活动。

完成黄瓜育苗基质的配制与消毒技能操作训练，并自评、互评。

（10）作品展示，分享点评。

①教学内容。

小组作品展示、分享技能实操成果，学生自评、互评。

②教师活动。

师生共同点评。

③学生活动。

小组派代表进行作品展示、点评。

（11）教师归纳，总结要点。

①教学内容。

归纳课程的重难点知识内容。用思维导图总结出黄瓜育苗基质的配制与消毒的操作步骤及技术要点。

②教师活动。

教师用思维导图总结出黄瓜育苗基质的配制与消毒的操作步骤及技术要点。组织各小组恢复实训室的卫生。

③学生活动。

学生根据教师的总结，补充自己未掌握的知识点，课后再加强学习。恢复实训室的卫生。

（12）课后拓展。

①教学内容。

选用当地选材最方便、消毒成本最低的黄瓜育苗基质的配方与消毒方法。

②教师活动。

a. 拓展知识链接网页：http：//hljnykx. haasep. cn/oa/DArticle. aspx? id＝20170 8017＆type＝view

b. 发布课后作业。

③学生活动。

点击拓展知识网页，完成课后作业。

考核评价：

（1）课前评价。

教师利用学习通平台对学生的课前作业或课程预习情况进行评价，学生完成互评。

（2）课中评价。

利用学习通平台对自测题、抢答、小组讨论等进行评价，以小组互评为主。

（3）课后评价。

课后作业评分。

教学反思：

（1）本次课对学生的课前、课中及课后三个阶段的表现分别进行了考核，实现了全程考评。

（2）教学过程分四个环节，逐步进行讲解、学习，培养学生思考问题、分析问题、解决问题的能力和技能操作能力。

（3）结合当地蔬菜生产的实际情况，引导学生利用课外时间来到蔬菜育苗基地一线，实地调查育苗基质的配制与消毒情况，并对相关内容进行记录和分析，然后分享给班上同学，调动了学生的积极性，也加深了他们对农业的喜爱。

（4）利用数据分析，对教学内容、教学方法进行了调整。

①根据课前学情问卷调查数据，对教学内容进行了一定整合。

②利用学习通平台发布测试题，用思维导图的方式帮助学生巩固相关知识。

（5）针对学生课前、课中遇到的问题，采用细节讲解、分析总结、技能训练等方式培养学生发现问题、分析问题、解决问题的能力，提高其技能操作能力和总结能力。

特色创新：

（1）采用适用于蔬菜育苗基质准备的设计思路，结合学生的专业特点，对学生进行了分析能力、解决能力和技能操作能力的培养，较好地实现了学生专业教育和素质教育的有机融合。

（2）综合当地农情，引入分析问题的理念，通过学生讨论、分析、技能训练、分享、总结，在合作探究中培养了学生的团队精神。

（3）运用模拟视频加强技能训练，培养了学生的技能操作能力，让学生学农爱农，做到学有所用。

案例10 生态地瓜，走进万家——土特产"新玩法"

一、案例简介

此案例参加 2019 年海南省中职学校教师教学能力大赛获得一等奖，参加 2019 年全国职业院校技能大赛教学能力比赛获得三等奖，参赛教师为海南省儋州市中等职业技术学校的容翠丽、韦秋明、王秋丹。

二、案例特色

利用多种信息化手段，把本次教学活动设计成一次微信营销活动，销售者销售农产品给顾客。将教学流程设置为课前、课中、课后三个阶段，课前利用好微信营销案例等在线学习资源；课中进行协作学习，引导学生亲身体验通过微信营销完成学习任务；课后进行拓展。

利用网络教学平台等信息化手段，逐层突破教学重难点，引导学生完成理论探究、模拟销售任务。根据学生的性格特征和喜好，在微信营销的不同环节设置问题讨论，以完成课堂的量化考核，鼓励学生反复修改策划方案，不断改进。在线上联系企业人员，以实现师生间、校企间的时时互动。

通过微信销售农产品，始终以安全、规范、严谨为准绳，逐步引导学生通过设计方案、写好推文，完成从学生到销售人员的角色转换。教师通过学习通平台进行管理，学生通过在线开放课程，实现理论自学。在微信上组建群组以收集潜在顾客的需求，为产品的营销设计提供精准信息。调整营销方案，反馈顾客需求。编辑微信营销内容，使企业与顾客之间有更多的交流，培养学生的社会服务意识和团队协作意识。为企业输送人才，促进产教深度融合。

利用信息化手段，使教学内容直观呈现，化解了微信营销策划的教学难点。运用任务驱动教学法，使教学过程层层递进，学生理解微信营销的内涵，突破了将微信营销理念运用在农产品营销活动中的教学重点。根据过程的互动和分段评价的反馈信息，及时调整课堂教学内容，真正实现个性化、差异化教学。对比传统教学，学生的满意度大幅度提升。

三、案例设计

课题名称：生态地瓜，走进万家——土特产"新玩法"

授课学时：4 学时

授课班级：2017 级电子商务班

授课时间：2019 年 4 月

授课教材：《网络营销与推广》

出版单位：华南理工大学出版社

授课地点：智慧教室

授课形式：理实一体、任务驱动

教学背景：乡村振兴战略是我党作出的重大战略决策部署。开展农产品扶贫工作要注重实效，带动贫困户参与种植，通过微信营销把当地的扶贫产品推销出去，从而实现点对点，也就是一对一的营销。简单地说就是在微信上发布相关产品信息，推广产品并进行销售，为扶贫出一份宣传之力。

教学内容：本课的教学内容选自职业教育课程改革创新示范教材《网络营销与推广》中"自媒体营销推广"章节中的"微信营销技巧"。在教学中培养学生微信营销的创新思维，实现其微信营销技能的提升。

微信营销是伴随着微信的广泛使用而兴起的一种网络营销方式。常见的微信营销方法有活动营销、事件营销、朋友圈营销、微信群营销、口碑营销、场景营销、二维码营销。对于企业、商家和个人来说，微信都是一个不可多得的营销平台。

学情分析：学生大部分来自建档立卡的贫困家庭，渴望通过专业的学习帮助家里，拓展本地土特产——生态地瓜的销售渠道。

本课的授课对象是电子商务专业二年级的学生。他们已掌握了市场调研、产品策略和销售策略等内容，有一定的策划基础和自学能力。通过课前问卷和访谈发现，65% 的学生已了解微信营销的概念和策略，但缺乏营销实战经验。他们思维活跃，但归纳能力欠缺，需通过引导，进行思维的整合及梳理。

教学目标：

(1)知识目标：理解 4C 营销和微信营销的概念，掌握微信营销的方法及步骤。

(2)能力目标：应用微信进行农产品营销策划，进行农产品线上和线下的营销。

(3)素质目标：培养学生的微信营销理念、团队合作意识及社会服务能力，使其体验电商平台的微信营销职业角色，拓展微信营销的创意思维。

教学重难点：

(1)教学重点：应用微信进行农产品营销策划。

(2)教学难点：进行农产品线上和线下的营销。

教学方法：

(1)教法：任务驱动教学法、混合式教学法。

(2)学法：小组合作探究法、自主学习法。

教学资源：

（1）硬件环境：智慧教室（无线网络、交互平板、智能手机、电脑、多媒体课件等）。

（2）软件环境：智慧教学系统（学习通、金海南商城平台、思维导图软件、微信、在线开放课程等）。

智慧教室

学习通平台

教学流程：

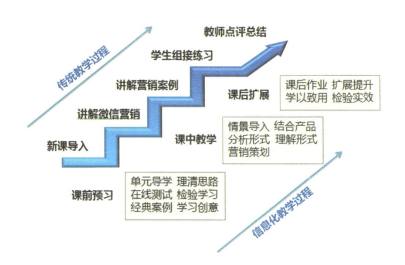

教学策略：

利用学习通网络教学平台，推送本节课的预习任务、案例，并通过测试题检验学生的预习效果，为微信营销做好准备。

（1）利用智慧教室录制课堂内容，对课堂的重点内容进行整合，便于学生课后查漏补缺。

（2）借助电商营销平台，提升学生的综合实践能力。

以学生为主体，教师为主导，实行学做合一的教学模式。

教学模式　**素质教育**

教学组织　**信息技术**

将德育融入课堂，培养学生的团队合作意识。

包括课前探究、课中导学、课后拓展。

合理运用多媒体信息技术，以真实任务为驱动力。

设计思路：为改进传统教学模式中课程形式单一、学生学习被动、理论与实践容易脱离、教学效果欠佳等问题，我们依托学习通平台推送学习资源，让学生先自学。然后利用多种信息化手段，把本次教学活动设计成一次微信营销活动，即销售者销售农产品给顾客。将教学流程设置为课前、课中、课后三个阶段——课前利用好微信营销案例等在线学习资源；课中进行协作学习，引导学生通过亲身体验微信营销完成学习任务；课后进行拓展。

教师

1.在学习通平台发布学习任务；
2.课前进行案例分析；
3.关注学生的在线案例分析情况；
4.针对学生的在线案例分析进行点评。

1.情景导入，引出任务要求；
2.进一步巩固微信营销策划的理论学习；
3.以"微型营销策划大比拼"的活动组织课堂教学。

1.课后不断修改微信营销策划方案；
2.推送优秀的策划方案；
3.发布拓展任务。

课前准备　　**课堂实施**　　**课后拓展**

学生

1.根据课前学习任务进行在线学习；
2.完成在线案例分析；
3.做好课堂工作任务准备。

1.小组协作，完成微信营销策划；
2.提出在策划过程中遇到的问题。

1.以小组为单位在课后不断修改方案，上传到电商平台。

（1）利用网络教学平台等信息化手段，逐层突破教学重难点，引导学生完成理论探究、模拟销售任务。

（2）根据学生的性格特征和喜好，在微信营销的不同环节设置问题讨论，以完成课堂的量化考核，鼓励学生反复修改策划方案，不断改进。在线上联系企业人员，实现师生间、校企间的时时互动。

（3）通过微信销售农产品，始终以安全、规范、严谨为准绳，逐步引导学生通过设计方案、写好推文，完成从学生到销售人员的角色转换。

课前准备：

①教师活动。

a. 建设网络教学资源库。

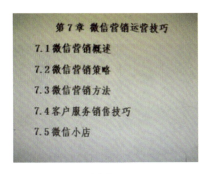

平台资源

b. 进行案例资源展示。

案例资源

案例分析 1：海南爱心扶贫网微信公众号上线，手机下单，一点就"购"，扫码关注海南爱心扶贫网微信公众号。

案例分析 2：古田银耳的微信营销。

c. 通过平台进行分析：查看课前学生在线对案例进行分析的情况。

d. 教师发布任务：推送合作企业的"生态地瓜"微信营销策划方案。

②学生活动。

a. 查阅单元导学案。学习微信与微信营销的概念。了解微信营销的优势：一对一的营销，微信简单易操作，把客户分类，高到达率。微信营销的两种方式：个人朋友圈营销和企业公众号营销。

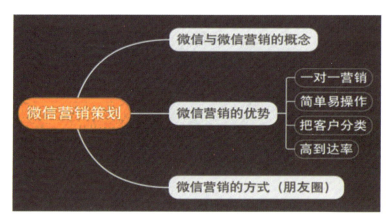

思维导图

b. 通过学习通平台进行自测。

c. 按教师要求进行分组。

d. 拟定微信营销策划方案。

e. 组建潜在顾客微信群。

③信息化手段及设计意图。

a. 网络教学平台：整合教学资源，帮助学生随时随地学习。

b. 思维导图：通过思维导图制作单元导学案及学习任务单，引导学生自主学习。

c. 案例分享+在线测试：展示微信营销的案例，为新课做铺垫。

d. 学情智能诊断：分析在线测试数据和学生学习情况数据，调整教学策略和学习方式。

课中教学：

(1)情景导入。

①教师活动。

a. 开启录播功能：开启录播功能，进行课堂录播。

b. 进行情境导入：针对学生的知识薄弱点，教师进行情景导入——"四川猕猴桃种植户"微信营销的新闻。

②学生活动。

分组抢答：每组推选一名代表，通过分析案例，发现学生对微信营销的理念理解得不够深入，仅针对提供的产品，简单地在微信朋友圈里发布。

③信息化手段及设计意图。

a. 活跃气氛：通过案例分析给枯燥的理论学习增添乐趣。

b. 加深理解：将微信公众号分成订阅号和服务号。

（2）案例分析。

①教师活动。

a. 案例分析：爱心扶贫网微信公众号上线，手机下单，一点就"购"，扫码关注爱心扶贫网微信公众号。爱心扶贫网微信公众号菜单栏分为"爱心商城""扶贫动态""服务中心"三大服务板块，消费者只需点击"爱心商城"即可轻松选购自己心仪的农产品。

b. 组织学生：根据学生的课前预习情况，教师进行案例分析并归纳微信营销的方法。

②学生活动。

a. 开展"摇一摇"活动：通过分析案例，发现学生对微信营销的方法掌握得不够全面，仅能针对提供的产品，简单地在微信朋友圈里发布。

③信息化手段及设计意图。

a. 活跃课堂：通过案例分析给枯燥的理论学习增添乐趣。

b. 加深理解：微信营销的方法有活动营销、事件营销、朋友圈营销、微信群营销、口碑营销、场景营销、二维码营销。

（3）自主探究。

①教师活动。

a. 组织学生：组织学生分组品尝并讨论土特产生态地瓜的特性。

生态地瓜

b. 归纳整理需求：如何归纳整理顾客的需求信息？

c. 归纳重要手段：归纳满足顾客需求的重要手段——4C营销理论：顾客、成本、沟通和便利。

d. 帮助学生：将所学的4C营销理论应用到实际问题中。

e. 解答问题：教师对学生提出的问题进行解答，探讨如何在成本和服务之间进行平衡。

②学生活动。

a. 分组品尝：学生品尝生态地瓜，填写生态地瓜特性表。

b. 自我探究：根据教师的引导进行探究。同时根据4C营销理论，对课前收集的资料进行归纳，编辑潜在顾客的诉求表，分析顾客需求。

③信息化手段及设计意图。

a. 活跃气氛：通过品尝生态地瓜，给枯燥无味的理论学习增加乐趣，还加深学生对生态地瓜的认识。

b. 提高能力：利用思维导图软件，进行头脑风暴，从多方面去整理顾客的需求信息，使学生能够随时随地地学习，激发学生的自我探究能力。

（4）分析案例。

①教师活动。

案例分析：古田银耳微信营销的优势是什么？

古田银耳

②学生活动。

分析古田银耳微信营销的优势：

a. 有庞大用户群体，市场份额大。

b. 提供互动式服务，强化商家与顾客的关系。

c. 营销成本低，增加利润，促进销售。

d. 即时传播，激发消费。

③信息化手段及设计意图。

提高分析案例的能力：根据课前的案例分享+在线学习，学生对该案例的分析更深刻，能运用微信营销理论知识找出其优势。

（5）观看视频。

①教师活动。

案例分析：当土鸡蛋遇上微信，如何能卖出好价钱？如何进行微信营销策划？

②学生活动。

步骤：微信平台的搭建、吸引新客户、维护老客户、提升订单量、进行订单管理。

③信息化手段及设计意图。

提高分析案例的能力：根据课前的资源共享，学生对该案例的分析更深刻，能运用微信营销理论知识进行初步策划。

（6）结合产品，进行营销策划。

①教师活动。

发布任务：针对扶贫产品生态地瓜进行微信营销策划。

生态地瓜广告

②学生活动。

执行任务：学生分组进行微信营销策划。各小组在教学资源库搜索微信营销的相关资料，进行生态地瓜微信营销的策划。根据顾客需求的排序列表，确定顾客需求的程度，形成需求分析结果。不断修订微信营销策划方案。

③信息化手段及设计意图。

提高策划能力：在线上平台与顾客互动交流，了解顾客需求，不断修订微信营销策划方案。将理论与实际相结合，使学生学有所用，激发学生的学习热情。

（7）全体汇总，展示互评。

①教师活动。

a. 全体汇总：教师引导各组汇总微信营销策划方案并上交。

b. 打分评价：教师打分，并分析点拨。

c. 教师总结：总结微信营销的内涵、微信营销的方法、4C营销理论。

②学生活动。

展示互评：各小组派代表上台展示微信营销策划方案并讲解设计思路，其他组按照"评分表"进行打分评价。

③信息化手段及设计意图。

a. 培养学生的团队合作精神。

b. 使学生能够将微信营销的理念运用到生态地瓜的营销策划中，完成生态地瓜的线上和线下的营销。

（8）扩展提升。

①教师活动。

a. 在平台上发布作业。

b. 引导学生将策划好的微信营销方案发布到微信和电商平台上，进行推广销售。

c. 通过平台跟踪各小组的微信营销情况，并且进行答疑解惑。

d. 进行反思总结。

②学生活动。

a. 查看学习平台作业。

b. 继续收集顾客的反馈信息。

c. 修改并完善微信营销策划方案。

d. 编写微信营销策划内容。

e. 将完成的微信营销策划方案上传至网络学习平台上，供大家进行投票并评选出"策划之星"。

③信息化手段及设计意图。

a. 激发学生学以致用的动力，培养学生为社会服务、为人民服务的热情。

b. 评选"策划之星小组"，鼓励学生积极参与。

c. 使企业、学校和学生三方共同发展。

（9）板书设计。

一、微信营销的概念

二、微信营销的方法

活动营销、事件营销、朋友圈营销、微信群营销、口碑营销、场景营销、二维码营销

三、4C营销理论

四、微信营销策划的步骤

第一步：微信营销平台的搭建

第二步：吸引新客户(增粉)，功能开发，活动策划、举办

第三步：维护老客户

第四步：提升订单量(微信线上销售)

第五步：进行订单管理(管理会员、订单、内部职工)

教学效果：

(1)教学策略是否有效果，有待市场营销结果来检验。实践证明，各个小组在线下推广生态地瓜都取得了一定的营销收益。

(2)教师制定课程评分表，为课程成绩评定提供参考。

(3)学生自评与互评，反映自我的收获与成长。

(4)课后学生与金海南电商平台进行深度营销合作，提高了学生服务社会的能力，使学生为扶贫贡献自己的一份力量，无形中给学生带来了巨大的成就感和满足感。

教学创新：

传统的微信营销教学存在如下困难：

(1)忽略了潜在顾客的需求分析。

(2)微信营销理念浮于表面。

(3)项目的实战营销无法落地。

(4)无视学生职业素养的养成。

学生通过学习通平台进行理论自学。在微信平台上组建群组以收集潜在顾客的需求，为产品的设计与营销提供精准信息。调整营销方案，反馈顾客需求。编辑微信营销内容，使企业与顾客有更多的交流，培养学生的社会服务意识和团队协作意识。为企业输送人才，促进产教深度融合。

教学反思：

通过本次教学设计，有效解决了传统教学手段单一、学生学习被动、教学效果欠佳等问题。

(1)利用信息化手段，使教学内容直观呈现，化解了微信营销策划的教学难点。

(2)运用任务驱动教学法，使教学过程层层递进，突破了教学难点，也突破了将微信营销理念运用于农产品营销活动的教学重点。

(3)根据过程的互动和分段评价的反馈信息，及时调整课堂教学内容，真正实现个性化、差异化教学。

(4)对比传统教学模式，学生的满意度大幅度提升。

案例 11 供产销核算——采购业务的核算

一、案例简介

此案例参加 2020 年海南省中职学校教师教学能力大赛获得二等奖，参赛教师为海南省银行学校的欧卫红、王艺蕾、邱嫚娇。教学内容为中等职业学校会计专业"基础会计"课程——采购业务的核算，授课对象为 2019 级会计大专班学生。

二、案例特色

摒弃传统理论知识讲解方式，借助丰富的教学资源，将学生难以理解的工作环节或理论知识通过视频、模拟动画等方式直观展示出来，把抽象的概念具体化。且将资源上传到学习平台，学生能够反复看、随时看，为预习、复习、自学提供了更便捷的途径。从作业完成数据上看，学习效果明显提升。

通过多元的网络实训教学平台，学生能够以不同岗位角色的身份进入实训中。在情景创设下，全仿真模拟企业的经济业务核算，接触真实的会计核算资料、凭证等，通过理论与实践一体化的学习方式，弥补了传统的课堂教学方式的局限性，也提高了学生的动手操作能力，增强了学生的职业信心。同时，通过实训平台实时统计完成情况，也能准确及时地掌握学生的学习情况。

根据学习通等教学平台的数据反馈，实行分层次教学，让优等生学得够，中等生有提高，差等生跟得上。不同层次的学生都能根据自己的情况选择学习的内容和进度，逐步体验学习的成就感，建立自信心。

在教学过程中融入思政教育，从会计专业的职业道德和职业要求出发，学生在学好专业知识的同时，也树立了严格遵守法律制度的坚定信念，逐渐养成诚实守信、不弄虚作假、对他人负责、靠努力学习和工作获取成功等积极正确的人生态度，并对未来的职业生涯有了更多的憧憬和信心。

三、案例设计

课程名称： 基础会计

授课学时： 2 学时

授课对象： 2019 级会计大专班

授课地点： 智慧教室

学情分析：

(1)学生基本情况：本课程的授课对象是中职的会计专业一年级学生。他们初学会计，会有一定的陌生感，加之年龄尚小，对企业和会计工作的理解不够深入，学习有一定难度。但初入职校的学生有着对职业的向往和憧憬，学习兴趣较为浓厚，愿意尝试新鲜事物，愿意动手操作。

（2）基础知识掌握：在此课程开始前，学生已经初步学习了会计的基本理论、借贷记账法的规则、账户性质、会计科目分类、会计分录书写格式等知识。

（3）学生优点分析：学生对于多媒体、网络教学平台的使用学习很快，操作熟练。且会计专业的女生居多，心思细腻，做事认真仔细。

（4）存在不足分析：在初学会计课程阶段，学生对于企业发生具体的经济业务及其核算不甚理解，对会计知识的运用不够熟练，对经济业务的流程没有太直观的概念。此外，学生上课普遍存在容易走神、注意力无法持续集中的问题。

教材分析："基础会计"是财经类专业的核心课程。本门课程所选用的教材为高等教育出版社出版的《基础会计》（第五版）。本堂课的内容选自该教材第四章的第二节——采购业务的核算。第四章是基础会计阶段最核心最重要的内容，也是学生对企业经济业务的会计核算初步认知和学习的内容。采购、生产、销售三个模块的业务前后相联系。本堂课所讲的材料采购业务是整个供产销流程的起步，是会计核算环节最重要的内容之一。采购环节经济业务的准确核算，是后续生产环节、销售环节以及财务成果计算的前提和基础。同时，采购环节的核算不仅涉及多个会计科目的运用，也涉及大量数据的计算。教材中所列举的案例丰富，但与学生的实际生活相去甚远，因此本课中设计的案例尽量以学生日常生活能接触或更容易理解的案例为主。

教学目标：

（1）知识目标：了解企业采购的流程。认识原材料账户的核算内容和账户结构特征。熟知材料的采购费用。

（2）能力目标：能够准确地判断材料的采购费用组成，计算材料的采购成本。能够熟练地运用相应账户完成材料采购业务的核算。

（3）情感目标：培养学生的职业感，使其养成细致、认真、负责的职业态度。加强学生的团队合作意识，锻炼其合作探究解决问题的能力。

教学重难点：

（1）教学重点：材料采购业务的核算方法。

（2）教学难点：材料采购成本的准确计算。

教学方法：

（1）教法：任务驱动法、问题导向法。

（2）学法：自主学习法、合作探究法。

教学策略：

设计初衷　该班级学生为一年级新生，初学会计不久，且刚进入具体业务核算的学习阶段。希望能在学习过程中吸引学生的注意力，激起他们对经济业务核算的兴趣，同时增强学生的职业荣誉感和责任感。

理实一体　对按学校另一个专业——烹饪专业，以烹饪专业的作品——蛋糕为产品，由会计专业的学生全程为烹饪专业学生制作的蛋糕做核算，从材料采购到加工耗用再到定价售出，融入供产销整个业务流程的学习。

内容实施
1. 通过对分易等教学平台，实现课前课中、线上线下的混合教学模式。
2. 通过科云教学平台等资源中的视频案例让学生简单直观地了解相关知识点。
3. 分析、分任务的模式激发学生的积极性，通过师生互动、共同探究以达成重难点的突破。

教学资源：

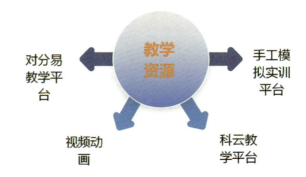

教学内容：

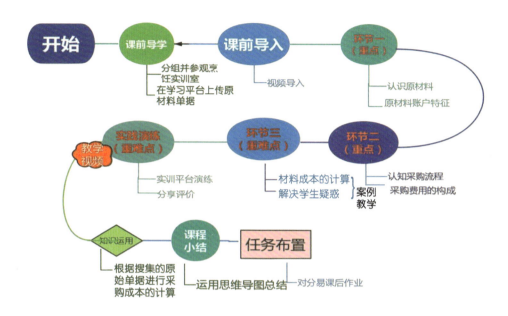

教学环节：

（1）课前准备。

①教学内容。

分组及布置任务。

②教师活动。

活动一：联系烹饪专业的教师和学生，将本班级学生分组与烹饪专业学生对接。

活动二：在对分易平台发布任务，要求学生上传相关资料。

设计意图：让学生带着任务去参观和了解，培养会计工作的职业感，身临其境地感受从原料到产品成形的过程。

③学生活动。

活动一：学生自行分小组，每组四人。

活动二：到烹饪实训室参观学习，与烹饪专业的同学对接，了解蛋糕的相关制作知识，搜集烹饪专业购买原料的单据，并拍照上传到对分易平台。

（2）课程环节一。

①教学内容。

认识原材料，包括原材料的定义、所包含内容、"原材料"账户的结构和特征。

②教师活动。

活动一：播放蛋糕制作视频，展示蛋糕制作过程中的所有步骤以及使用的材料。设置问题：从视频中找到制作蛋糕所需的各种材料。

设计意图：吸引学生兴趣，从而引出原材料的相关知识点。

活动二：引出原材料的概念，要求学生制作"原材料"的 T 型账户，并分析账户结构特征。

设计意图：掌握"原材料"科目的相关知识，为后续的采购业务核算打下基础。

③学生活动。

活动一：认真观看视频，从视频中找寻制作蛋糕所需的材料。观看完之后进行小组总结，以组为单位提交答案。

活动二：了解"原材料"科目的核算内容，并根据已学习的账户结构特征制作"原材料"的 T 型账户，进一步巩固资产类账户的结构特征知识。

（3）课程环节二。

①教学内容。

企业采购流程认知，了解和准确判断材料采购过程中的相关费用。

②教师活动。

活动一：结合疫情期间学校的特殊管理情况，由××学生的采购案例引出问题。通过科云教学平台播放模拟动画，以展示采购过程中常见的费用。

设计意图：以真实案例引发学生思考，通过动画流程直观展示企业的采购过程以及采购过程中可能发生的支出。

活动二：概念理解，举例介绍各种采购费用。

设计意图：让学生明确采购费用的内容。

活动三：给出案例，由学生分析案例中的采购费用。

设计意图：在案例中设置了易错点，由学生讨论总结，对出现的易错点做进一步讲解和强调。

③学生活动。

活动一：某同学讲述自己遇到的困难，希望从课堂上得到帮助以解决问题。

活动二：观看采购流程模拟动画，并从中找出采购过程中发生的相关费用，通过对分易平台上传至弹幕显示，全班分享。

活动三：学习采购费用的内容，了解常见的采购费用类型，对有疑惑的地方进行提问。

活动四：分组讨论，分析案例中的采购费用。将各组的讨论结果通过对分易平台上传。

活动五：总结案例中所犯的错误，将易错点记牢。

(4)课程环节三。

①教学内容。

材料采购成本的计算。

②教师活动。

活动一：列出采购成本计算公式，将采购费用与买价结合。

设计意图：解决课前某同学的疑惑，加深学生的印象。

活动二：给出综合案例，学生独立思考，小组讨论结果，提出难点，由教师进行分析讲解。

设计意图：由易入难，让学生逐步学会材料采购成本的计算，实现难点突破。

③学生活动。

活动一：熟记材料采购成本的计算公式。

活动二：独立完成教师给出的例题，小组讨论结果，对于有争议的、无法解决的难点向教师提出。

活动三：总结例题中自己的易错点，并做好相关笔记。

(5)课程环节四。

①教学内容。

材料采购业务的核算。

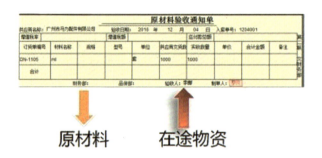

②教师活动。

活动一：通过采购案例一展示资料，包括销售合同、增值税专用发票、入库单，要求学生根据展示的单据进行业务的分析。

设计意图：让学生通过对原始凭证的分析，了解经济业务的发生情况，能作出正确的核算。

活动二：利用手工记账模拟软件完成分岗协作，案例二与案例一的区别是少了一份入库单，由学生分析其中区别。

设计意图：通过有无入库单的区别对比，引出会计科目的使用方法，包括"原材料"和"在途物资"的区别。

活动三：案例三是在案例二的基础上进行的入库业务。

设计意图：让学生掌握在途物资后续入库的核算方法，其与案例二形成一笔完整业务。

活动四：案例四的采购业务中包含销售合同、增值税专用发票、入库单和运输费发票。其中入库单中的应收与实收数量不同。

设计意图：将前面所学的知识融入此案例中，让学生学会综合运用知识，全面掌握采购业务的核算方法。

③学生活动。

活动一：分析案例一中的原始凭证，对发生的经济业务作出判断。

活动二：学生通过实训平台完成分岗协作，对比案例一和案例二，了解"原材料"和"在途物资"两个科目的区别，学会运用正确的科目核算经济业务。

活动三：对案例三进行分析，掌握在途物资入库的核算方法。

活动四：分组讨论案例四，分析所有的原始凭证，结合前面所学的采购费用的知识，分析入库单中实收与应收之间的差额如何处理，准确计算案例中的采购成本，并作出正确的会计分录。

思政：在会计工作中要严谨、规范，要以原始凭证为依据，正确地使用会计科目。

（6）课程环节五。

①教学内容。

知识运用。

②教师活动。

根据搜集到的烹饪专业采购原料的单据，布置任务，由各组学生分析对接的烹饪小组给出的单据和数据，帮助他们计算出原料的采购成本。

设计意图：将所学知识运用到真实的工作中，让学生完成任务，增强职业感和责任感。

③学生活动。

各小组分析所搜集到的真实数据，计算出制作蛋糕需用的原材料的采购成本，做好记录，并于课后将结果向烹饪专业对接小组的同学作出反馈。

（7）课程环节六。

①教学内容。

拓展与升级。

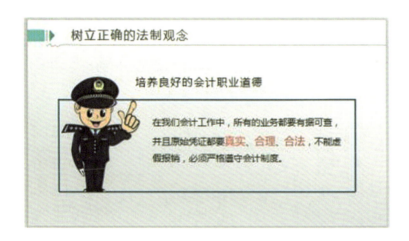

②教师活动。

询问课前提出疑问的某同学，乘坐出租车回校是否获得了出租车发票，或者有无别的付款凭证。

设计意图：融入职业道德教育，提升学生的职业素养。

思政：提示学生在会计业务中所有的单据应该齐备、真实有效、合理合法。

③学生活动。

分析某同学获取车费支付凭证的重要性，回顾原始凭证的审核要求，深刻牢记会计职业道德要求。

总结反馈：用思维导图复习采购费用的内容、材料采购成本的计算方法、入库与未入库的不同处理，强调重难点和易错点。总结归纳本次课所学的知识点，对学习过程中的易错点和难点做好笔记。

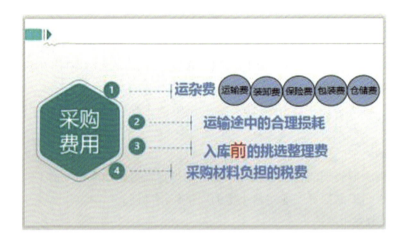

拓展提升：

（1）对烹饪专业蛋糕制作原料的采购成本进行复核，并将结果反馈给烹饪专业对接小组的同学。

（2）完成课后作业。

（3）通过在线学习平台预习下节课关于材料采购费用分摊的相关知识。

考核评价：

评价平台	评价环节	评价内容	评价方式	分值（%）
对分易学习平台	线上学习	观看视频+做作业	平台（100%）	10
	课前任务	搜集原材料原始凭证	教师（50%） 组间（50%）	10
	课堂表现	互动、回答问题情况	教师	10
	课前任务	1. 原材料的内容 2. 采购费用的构成 3. 材料成本的计算	教师（50%） 组间（50%）	30
	团队合作	任务完成情况	自评（50%） 组间（50%）	10
实训平台	项目实训	分岗位综合模拟	教师（50%） 组间（50%）	30
合计				100

教学反思：

（1）教学效果。

丰富的教学视频、动画资源使课堂变得生动有趣、寓教于乐，通过学生生活中的实例，使枯燥的专业知识变得生活化，便于学生的理解；通过教学平台实时掌握学生的学习动态，便于随时调整教学策略。

课前的实践任务以及驱动式的教学方法，能提高学生的动手能力、团队合作探究的能力。

（2）问题与改进。

①随着会计准则的多次更改，以及近年来税法等相关知识的改革和更新，《基础会计》教材多次修订。教材版本的不同导致对知识的框架设置不尽相同。长期教授此课的教师习惯于依靠固有的知识框架模式开展教学，但其与新教材的知识点布局有所差异，导致初学的学生听完课之后再对照课本复习时有陌生感。教师对教材中有关内容做微调、增加、减少、替换、重组等处理时应该更加合理清晰，厘清课本的知识点，方便学生课后进行自我学习。

②在分组学习、合作探究的过程中，积极主动、反应快速的学生占据了主导地位，而部分内敛慢热型的学生则参与度较低，少有表现自我的机会。在小组合作学习的过程中，需要尽量给予每一位学生足够的表现空间，形成互相帮助、互相促进、共同进步的学习氛围。

③本次课对于各种采购费用的举例和讲解较浅，知识的横向范围和纵向深度都有待进一步完善。

案例 12　前台接待处花艺设计

一、案例简介

此案例参加 2020 年海南省中职学校教师教学能力大赛获得一等奖，参加 2020 年全国职业院校技能大赛教学能力比赛获得三等奖，参赛教师为海南省农业学校的苏珊珊、冯少玲、王耀山、孙孝贵。

二、案例特色

（1）教法巧：做中玩、玩中学。让学生在做中玩、玩中学，将劳动精神、创新精神、工匠精神、绿色发展理念等外化于行、内化于心。将复杂抽象的知识技能难点在教师示范、VR 花艺模拟仿真实训等输出式强化学习活动中突破，将行动导向式教学方法贯彻始终。

（2）平台新：VR 花艺模拟仿真实训。针对疫情期间线上教学学生易厌倦和缺少实训花材的问题，运用 VR 花艺模拟仿真实训平台录制不同的花艺作品，以创新输出式强化学习活动组织课堂教学，激趣凝神，成效明显。学生在线上学习，仿佛置身于实训室，学习与实践的体验感十足。

（3）鞭策足：教学内容新，技能变化多。教学内容涵盖东方式插花、倒 T 形插花、叶材编织与加工等众多新技能，并随着省赛和世界技能大赛标准的更新，让教师始终站在技能前沿开展教学，在技术技能服务转化中反哺教学，倒逼教师学习并运用各种技能或知识点。

（4）创意亮：作品展示方式多。根据学生不善于思考、探索，但善于表现、动手能力强等特点，在课堂中穿插花艺大比拼、花艺表演等环节，极大地调动了学生的积极主动性。

（5）思政巧：节约、环保意识重。巧用校园植物和仿真花设计作品，大大减少了鲜花花材的使用，学生能很好地掌握植物的特点，感受生命的魅力，节约、环保理念深入人心。

（6）课程思政内容。学生用所学的知识参加花艺表演、花艺沙龙、花艺布展，树立劳动最光荣的价值取向。手绘设计图，再制作花艺作品，做到精益求精。利用校园植物、仿真花和 VR 花艺模拟仿真实训平台设计作品，树立节能环保的绿色发展理念。一份完美的花艺作品的呈现，需要花艺师注入大量的心血。课前，及时养护鲜花花材；课后，及时清理花材垃圾，逐步培养学生吃苦耐劳、爱岗敬业的职业素养。

三、案例设计

教学课题：前台接待处花艺设计

授课对象：2018 级园林大专班学生

授课课时：4 课时

课程名称：插花艺术与服务

授课地点：插花实训室

教学内容：授课教材选用中等职业学校酒店服务与管理专业规划教材《插花艺术与服务》。以课程标准为依据，基于实际任务过程，将教材内容整合为五个单元。本次课为单元五"酒店花艺(综合实训)"中的任务一，授课内容为"前台接待处花艺设计"，总计 4 课时。

学情分析：授课对象为 2018 级园林大专班二年级学生，课前对学生的学习状况做了调查。

（1）基础知识：

①能识别并养护红色玫瑰、白色马蹄莲、巴西叶、龟背叶、水蜡叶，并能进行简单的直立形插花。

②已完成部分精品网络课程的学习。根据学习结果反馈，学生基本掌握了前台接待处花材的插制方法。

（2）能力基础：

①具备一定的自主学习能力，能够基于已学知识完成初步手绘设计。

②具备一定的信息搜索和插花的能力，但对东方式三大主枝的理解不够，不能很好地把握枝条的比例和角度。

（3）学习特点：

①喜欢实践，但不善于思考、分析、探索等。

②喜欢集声音、画面等于一体的情境教学模式，希望课堂活动丰富，以互动交流、探讨为主，通过技能训练提高他们的实践操作能力。

教学目标：

（1）知识目标：理解东方式插花的特点，掌握东方式三大主枝的插制方法。

（2）能力目标：能运用仿真花和校园花材进行酒店前台接待处的花艺设计，并用鲜切花制作直立形东方式插花。

（3）素质目标：增强服务意识，学会为客人着想，关心他人；树立认真的态度，培养遵守纪律和约定、规范操作的工作习惯，能与他人协作完成工作任务；培养审美意识和创新精神。

教学重难点：

（1）教学重点：东方式三大主枝的插制方法。

（2）教学难点：东方式三大主枝的比例和插制角度。

教学方法：

（1）教法：任务驱动法、讲解示范法。

（2）学法：自主学习法、合作探究法、实践演练法。

教学策略： 借助与学校精品网络课程配套的微课资源，实现线上线下混合式学习。课前学生登录精品网络课程平台学习"前台接待处花艺设计"等基本知识点，并完成测试题。根据学情反馈，教师调整教学策略。

借助精品网络课程学习平台、超星学习平台，教师示范，解决重难点。

教学资源：

（1）数字资源：借助资讯视频、动画、超星学习通及学校信息化资源等，师生可以自主学习。

（2）植物资源：校园中有约200种植物，是学生识别植物和部分花材的主要场所。

（3）硬件资源：有独立的插花实训室，可容纳50名学生一起上课，实训室配有多媒体设备及丰富的花艺图书、插花器具及仿真花等。

教学流程图：

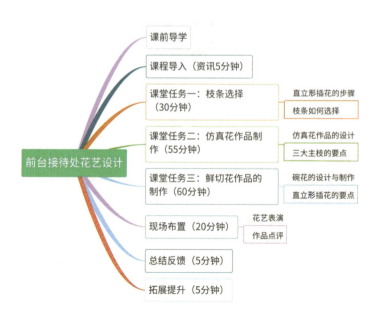

教学环节：

（1）课前导学。

①教学内容。

精品网络课程教学知识点：

a. 直立形东方式插花的意境。

b. 直立形东方式插花的设计原则。

c. 直立形东方式插花的步骤。

②教师活动。

a. 要求学生进行精品网络课程学习并完成相应测试题。教师根据平台统计的学习结果，调整教学策略。

b. 在学习通平台发布主题讨论任务：为了让入住酒店的援鄂医疗队的新婚夫妇入住酒店时身心放松，前台接待处花艺的设计尤为重要，那么应该怎么设计主题？如何选择花形、花材？色彩如何配置？

c. 发布课前实践任务：进行前台接待处花艺设计，每组上传手绘设计图。

③学生活动。

a. 完成精品网络课程学习：在学习平台上完成知识点的学习，同时完成相应的测试题，总结学习过程中存在的问题。

b. 参与学习通平台上的主题讨论：对问题进行深入思考。

c. 完成实践任务：每组学生根据主题设计前台接待处花艺的手绘图。完成后，上传到学习通平台。

④设计意图。

课前任务的实施承上启下，引出下一个教学任务，服务于整个教学流程安排。

（2）课程导入。

①教学内容。

首先是确定主题，选择合适的花材，合理搭配色彩。

②教师活动。

播放视频：提出如何确定主题，如何设计花形。

③学生活动。

思考与探索：根据酒店的订单，思考并回答教师的问题，掌握入住酒店的对象的基本情况。

（3）课堂任务一：枝条选择。

①教学内容。

a. 直立形插花的步骤是什么？

b. 枝条如何选择？

②教师活动。

a. 查看学习通平台上的仿真花作品图，通过课前问卷调查，邀请完成得最好的一组上台分享。

b. 教师分析上传的图片，总结东西方插花的区别，东方式插花更注重枝条的自然美和延展性，同时指出选取枝条的重要性。

c. 现场带领学生到校园选取枝条。

③学生活动。

a. 根据主题进行酒店前台接待处的花艺设计。

b. 确定碗内直立形插花的步骤。

c. 现场进行枝条的选择及采摘。

④设计意图。

培养团队合作意识，培养审美情趣和创新精神。

（4）课堂任务二：仿真花作品制作。

①教学内容。

a. 根据主题设计前台接待处的仿真花作品。

b. 确定仿真花花材的选择和色彩的搭配。

②教师活动。

a. 巡回指导学生进行仿真花作品设计。

b. 通过平台设计讨论主题。

c. 播放视频。

d. 设计问卷，选出最佳的一组进行展示。

e. 审核各组制作的前台接待处仿真花设计作品。

f. 教师讲解三大主枝的要点。

g. 教师示范三大主枝的确定。

③学生活动。

a. 根据主题来设计前台接待处的仿真花作品。

b. 通过平台上传仿真花作品。

c. 观看视频

d. 展示作品。

e. 学生通过观看教师示范，修改自己的作品，理解枝条延展性的重要性。

f. 再次展示三大主枝的作品。

④设计意图。

先用仿真花来设计作品，节约了花材的消耗，提倡环保的理念。

（5）课堂任务三：鲜切花作品的制作。

①教学内容。

a. 插制准备：领取工具、准备花器、对花材进行修剪整形。

b. 花材插制：针对直立形插花——碗花，第一主枝直插，保持挺立的英姿；第二主枝往西南，倾斜30度左右；第三主枝向东南，位居花器中间。三主枝呈不等边三角形。可酌情加从枝，以保持平衡。

c. 现场6S处理。

②教师活动。

a. 发放工具、花器、花材。

b. 巡回指导学生制作碗花。

c. 回答学生提出的问题。

d. 及时纠正学生的错误。

③学生活动。

a. 组长讲解计划。

b. 领取工具材料。

c. 参照示例作品进行花材插制。

要求：操作流程熟练。

④设计意图。

培养遵守纪律和约定、规范操作的工作习惯。

（6）现场布置。

①教学内容。

花艺表演大比拼。

②教师活动。

a. 教师讲解花艺表演大比拼的要求。

b. 在平台上设计投票活动。

c. 教师公布投票结果。

d. 教师修改作品。

e. 酒店花艺师点评作品。

③学生活动。

a. 学生根据教师讲解的花艺表演大比拼的要求，结合现场的环境，讨论修改作品。

b. 每组派代表上台进行花艺表演。

c. 台下的学生认真观看，用手机记录美好一刻。

d. 学生投票。

④设计意图。

根据主题设计合适的作品，现场进行布置与养护。

（7）总结反馈。

①教学内容。

107

②教师活动。

a. 总结东方式插花枝条的选择要点。

b. 总结直立形插花的步骤。

c. 感受插花作品体现的意境。

③学生活动。

a. 多观看东方式插花的图片及视频。

b. 注意插花作品主题的表现。

(8)拓展提升。

①教学内容。

关注援鄂医疗队的新婚夫妇的需求。

②教师活动。

布置作业：说一说东方式插花与西方式插花的区别。

③学生活动。

讨论课后的任务安排，明确组内分工，为下次课做准备。

教学反思：

(1)本次课参照花店订单实际流程设计，通过教学实施，有效达成教学目标，效果反馈良好。

(2)学生在行动中学习，在行动中感悟，积极参与。

(3)将知识点融入任务中，学生在"做中学，学中做"。

(4)信息化教学手段丰富，线上线下互动效果好。

(5)引导正确的价值观。

案例 13　客房卫生间清扫

一、案例简介

此案例参加 2020 年海南省中职学校教师教学能力大赛获得二等奖，参赛教师为海南省三亚技师学院的陈积伟、吴振泓、施雨云、杨宇。授课教材选用新编全国旅游中等职业教育系列教材《客房服务与管理》。以课程标准为依据，本次课为模块一中项目三的任务二，授课内容为"客房卫生间清扫"，总计 2 学时。授课对象为 2019 级高星级酒店服务与管理 2 班学生。

二、案例特色

(1)利用酒店客房实训基地开展情景教学。传统客房实训室以中式铺床为主，工位充足，但在客房清扫、物品摆放、个性化设计方面不能满足教学需求，酒店客房实训基地正好弥补了这些不足。课程采取模块教学的方式，在客房实训室完成单个项目的教学任务，在酒店客房实训基地开展模块实训。在真实的酒店客房内，设施设备齐全，让学生快速进入工作岗位状态。

(2)构建全过程、多元化教学评价体系。客房清扫及个性化布置是客房典型任务之一，课程将其分解为客房清扫、中式铺床、物品摆放及个性化设计四个项目。通过模块化的教学，学生能独立完成客房清扫及个性化设计任务。课程针对典型工作任务构建了评价体系：课前导学任务书、评价表、总结报告和评价总表对教学过程进行前、中、后三阶段的动态监测，持续开展教学诊断和改进。在评价体系中，引入合作的星级酒店的专业岗位人员，双轨制评价让教学更有针对性，更贴近企业的实际需求。

(3)充分利用云平台开展混合式教学。借助蓝墨云班课信息化平台，提前发布教学资源和课前导学任务，充分利用线上云教材、视频资料、教学课件、课前导学任务书、操作页和评价表等数字化教学资源，反复从多个维度对知识和技能进行解析，线下传统课堂化繁为简，将连贯复杂的操作技能分解为单个简单动作示范、操作，实现了对知识点的学习、巩固和强化。课前学生自主学习、完成课前导学任务书，教师在线批阅，发现问题，从而调整教学策略，以提高学习效率；在课堂上利用课前导学成果展示导入新课，通过新课讲授、教师示范、学生操作、点评讲解和小组任务等方式进行技能教学和练习；课后学生以小组为单位，拍摄、上传课堂任务视频，并利用蓝墨云班课平台实现学生互评、自评和教师、企业导师点评，通过任务驱动和教学空间的拓展，保证学习效果。

三、案例设计

教学课题：客房卫生间清扫

授课对象： 2019 级高星级酒店服务与管理 2 班

授课学时： 2 学时

课程名称： 客房服务与管理

授课地点： 客房实训室

教学内容： 授课教材选用新编全国旅游中等职业教育系列教材《客房服务与管理》。以课程标准为依据，本次课为模块一中项目三的任务二，授课内容为"客房卫生间清扫"，总计 2 学时。

根据课程标准，结合客房卫生间清扫实际流程设计和学生课前预习反映出的问题，设置本节课教学内容，具体如下：

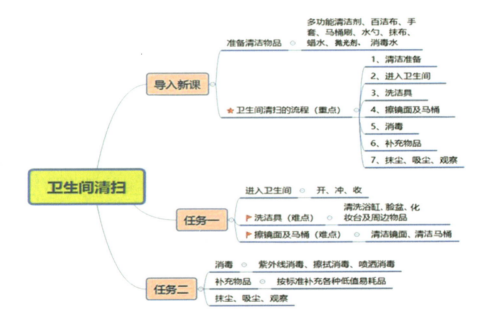

学情分析： 授课对象为 2019 级高星级酒店服务与管理 2 班的学生，课前对学生的学习状况做了调查：

(1) 知识基础：已掌握客房卧室的清扫流程和规则，对卫生间的清扫流程有一定了解。

(2) 能力基础：具备一定的生活经验和模仿能力；具有一定的信息搜索和自主学习的能力，能够基于已学知识完成知识点的总结归纳工作。

(3) 学习特点：习惯于教师给予式教学模式，不太愿意自我思考、提问；善于通过网络获取碎片化知识，更愿意接受信息化教学方式。

教学目标：

(1) 知识目标：掌握客房卫生间的清扫方法，掌握客房卫生间的清扫程序及具体操作规范。

(2) 能力目标：熟练掌握客房卫生间清洁整理的程序、标准和操作要领，能够独立完成客房卫生间的清洁。

（3）素质目标：使学生树立规范化、程序化、标准化的服务意识，培养学生的合作意识和动手能力、自主学习能力。

教学重难点：

（1）教学重点：客房卫生间清扫整理的程序。

（2）教学难点：客房卫生间清扫整理的操作要领。

教学方法：

（1）教法：讲解示范法、任务驱动法。

（2）学法：实践演练法、小组学习法、竞赛。

教学策略：借助云班课平台提前发布学习任务和教学资料，实现线上线下混合式学习。课前学生完成自学任务，教师在线批阅，并根据学生的反馈，调整教学策略。

通过课程内容讲授、教师操作示范、学生模仿演练、分组竞赛和教师点评讲解等方式进行教学，并利用现场操作和教学视频进行技能要点分解，使技能要领更加容易掌握。

课后学生以小组为单位，拍摄、上传课堂任务视频，并利用云班课平台实现学生组间互评、组自评和教师分组点评，同时利用任务的驱动和教学空间的拓展，达到教学目标。

教学资源：

（1）学校自主研发的教材《客房服务与管理》。

（2）课程教学视频、教师企业实践视频等。

（3）云班课平台。

（4）团队成员开发的教材、任务书、工作页等。

教学流程图：

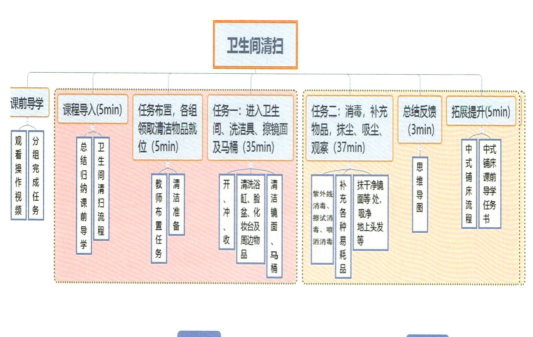

教学环节：

（1）课前导学。

①教学内容。

教学知识点：

a. 清洁物品的准备。

b. 卫生间清扫流程及具体操作要领。

②教师活动.

教师发布任务：

a. 观看客房清扫教学视频。

b. 以小组为单位，总结卫生间清扫流程及操作要领。

③学生活动。

学生完成任务：

a. 观看客房清扫视频。

b. 完成《卫生间清扫》工作任务书。

c. 组员根据小组分工做好汇报准备。

④设计意图。

通过课前导学和视频观看，使学生提前了解卫生间清洁工作流程，为新课讲授做好铺垫。

（2）课程导入（5'）。

①教学内容。

a. 准备哪些清洁用品？

多功能清洁剂、百洁布、手套、马桶刷、水勺、抹布、蜡水、抛光剂、消毒水等。

b. 卫生间清洁的流程是什么？

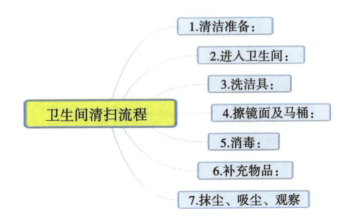

②教师活动。

a. 总结归纳学生课前导学情况，点评各小组成果，导入新课。

b. 播放教学 PPT，引导学生明确任务要求和学习目标。

③学生活动。

a. 各小组根据教师点评来完善小组作品，记录教师的总结要点。

b. 认真观看教学 PPT，了解任务要求和学习目标，并记录要点。

（3）小组准备就位（5'）。

①教学内容。

卫生间清扫准备就位，准备清洁物品和吸尘器。

②教师活动。

a. 请各小组领取工作车并去往指定客房卫生间。

b. 请各小组组长根据物资清单，检查核对清洁物品。

③学生活动。

a. 各小组在指定客房卫生间门口就位。

b. 根据物资清单，检查核对实操训练使用的清洁物品。

④设计意图。

各小组领取工作车并准备就位，让学生提前进入操作状态，养成事前检查物品、工具的习惯。

（4）课堂任务一：进入卫生间，洗洁具，擦镜面及马桶（35'）。

①教学内容。

知识要点：

a. 进入卫生间：开、冲、收。

b. 洗洁具：清洗浴缸、脸盆等。

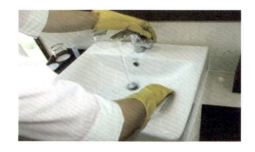

c. 擦镜面及马桶：清洁镜面、马桶。

②教师活动。

a. 播放教学视频和PPT，让学生明确学习目标、任务要求和技能要点。

b. 教师示范操作，同时进行分步讲解，提出注意事项，说明重难点。

c. 各组代表操作，教师分别点评。循环播放操作视频，教师巡回指导，对共性问题集中讲解，对个性问题针对指导。

d. 要求各小组录制操作视频上传到云班课平台。视频要求操作顺序正确、连贯、流畅、熟练，能清楚展示整个操作过程。

③学生活动。

a. 边看边做笔记，主要记录知识和技能的重难点。

b. 认真观看教师的示范操作，有疑问时向教师提问。

c. 学生在组长的组织下开展实操练习，进行多次练习，每位组员至少按要求练习一遍。

d. 各小组按要求录制操作视频上传到云班课平台。

④设计意图。

进行进入卫生间、洗洁具、擦镜面及马桶等环节的操作训练，掌握操作流程及操作要领。

(5)课堂任务二：消毒，补充物品，抹尘、吸尘、观察(37')。

①教学内容。

a. 消毒。

b. 补充物品。

c. 抹尘、吸尘、观察。

②教师活动。

a. 播放教学视频和 PPT，让学生明确学习目标、任务要求和技能要点。

b. 教师示范操作，同时进行分步讲解，提出注意事项，说明重难点。

c. 各组代表操作，教师分别点评。循环播放操作视频，教师巡回指导，对共性问题集中讲解，对个性问题针对指导。

d. 要求各小组录制操作视频上传到云班课平台。要求操作顺序正确、连贯、流畅、熟练，视频能清楚展示整个操作过程。

③学生活动。

a. 边看边做笔记，主要记录知识和技能的重难点。

b. 认真观看教师的示范操作，有疑问时向教师提问。

c. 学生在组长的组织下开展实操练习，进行多次练习，每位组员至少按要求练习一遍。

d. 各小组按要求录制操作视频上传到云班课平台。

④设计意图。

进行消毒，补充物品，抹尘、吸尘、观察等环节的操作训练，掌握操作流程及操作要领。

(6)总结反馈(3')。

①教学内容。

课程内容总结与回顾。

②教师活动。

课程总结：利用思维导图，引导学生回顾刚才的操作过程，总结要点。

③学生活动。

行动与总结：利用思维导图回忆、总结课堂内容，强化理解与记忆。

(7)拓展提升(5')。

①教学内容。

提出问题：

a. 酒店卫生间洁具常识。

b. 中式铺床流程。

c. 中式铺床课前导学。

②教师活动。

布置作业：

a. 上传本节课的学习任务视频，要求对技能关键点进行特写拍摄。

b. 对其他小组上传的作业进行学习、点评，并作对比、反思；预习中式铺床学习任务，准备学习成果展示。

③学生活动。

行动与反思：

a. 小组任务互评，并进行作业对比与反思。

b. 小组任务自评，总结经验，提出改进意见。

考核评价：

评价载体	评价环节	评价内容	评价方式	分值(%)
蓝墨云班课平台	课前导学	线上学习任务提交：《卫生间清扫》实习项目总结报告	教师(100%)	5
		线上学习任务提交：《卫生间清扫》实习项目课前导学任务书	教师(100%)	5
	课堂任务	小组竞赛	教师(60%)组间(20%)自评(20%)	50
实训平台	课堂表现	师生互动	教师(100%)	10
	团队合作	小组成员协作	教师(100%)	10
	项目实践	实训效果	企业导师(50%)	20
合计				100

教学反思：

(1)教学效果。

通过本次教学实施，有效达成了教学目标，效果反馈良好。

利用线上平台发布的教学资源和学习任务，进行课前导学，提前让学生了解卫生间清扫的流程和操作要领，为线下的新课讲解做好课前准备。

在实操环节中，教师进行操作示范后，对卫生间清扫的流程和各环节的操作要领做分步讲解，并在巡回指导中针对发现的问题做个别点评和集中点评。

（2）问题与改进。

课堂时间有限，不能保证有充分时间进行反复训练，为加强训练，课后开放实训室，鼓励学生反复练习，加强教学效果。

由于学生的个体能力、兴趣个性不一样，所以他们在小组中担任的角色也不一样，要求学生角色互换，每次让不同的学生进行展示，参与评分。

案例 14 手术前病人的护理

一、案例简介

此案例参加 2021 年海南省中职学校教师教学能力大赛获得三等奖，参赛教师为海南省第三卫生学校的符明浪、陈燕、程文清、杨飞飞。教学内容为中等职业学校护理专业的"外科护理"课程，授课对象为中职 3+2 护理专业二年级学生。

二、案例特色

(1)围绕工作任务，"教、学、做"融为一体，有效达成教学目标。通过导入临床工作任务，依托学校"双师型"教师上课模式，避免了学生知识与临床实践相脱节的现象。在教学过程中始终遵循"学习金字塔"学习方式，坚持以学生为主体、教师为主导，充分发挥学生的学习能动性，让学生在"做中学、学中做"的过程中达成教学目标。让学生熟练掌握外科护理基础技术操作方法，为以后从事外科护理岗位做好知识和技能储备。使学生从过去的被动学习转为现在的主动学习，增强了学习的积极性和参与性。

(2)以"思政"之魂，提升学生综合素质。在整个教学过程中，一方面，教师始终注意自己的着装、言行，做到"身正为范"，让教师本身成为最好的思政主体。另一方面，把思政教育融入课前、课中、课后的各个环节，如培养良好的心理素质、身体素质，进行社会适应能力教育、吃苦耐劳职业素质教育、职业理想信念教育、生命教育、关心爱护病人的人文关怀教育，注意保护病人的隐私，培养医疗安全意识和"慎独"的职业精神等。

(3)信息化手段助力教学。利用多种信息化手段，丰富教学资源，适时监测课前、课中、课后的自主学习情况。利用网络资源进行吃苦耐劳、仁爱、慎独、精专和勇于承担方面的人文素养教育，增强学生的职业荣誉感。通过制作思维导图，增强学生综合分析问题、解决问题的能力，化解教学重点、难点，传递了信息化教学、信息化学习的理念，培养了学生的信息化意识，使其感受到信息化的魅力。

(4)以学生为主体，在教学做悟中践行理实一体化思想。根据学情分析，突出技能培养，基于"做中学、学中做"的理实一体化思想，以"项目引入任务、教师引导思路、学生相互探讨主动学习"的方式激发学生的学习兴趣，以临床工作案例场景、微视频、思维导图、讨论展示、教师引领示范、分组练习、角色扮演等多元形式化繁为简地呈现，把书面知识点转化为实操过程评价。通过个人实践操作、团队协作情景模拟演练等，培养学生的学习能力、知识拓展能力和创新能力，提高其综合素质。

三、案例设计

授课内容： 手术前病人的护理

授课类型： 理实一体化

课程名称： 外科护理

选用教材： "十二五"职业教育国家规划立项教材、国家卫计委"十二五"规划教材《外科护理》(人民卫生出版社)

授课学时： 2 学时

授课时间： 2020 年 11 月 2 日

专业名称： 中职 3+2 护理专业

授课地点： 护理智能实验室

授课班级： 2019 级护理 1 班

内容分析：

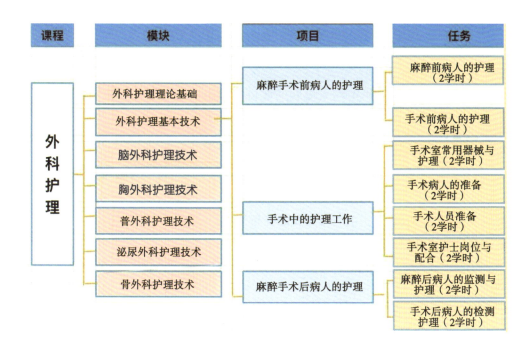

学情分析： 本课程的实施对象是中职护理专业二年级学生。

(1)知识基础：学生前面已经学习了人体解剖学和外科护理学中的术前麻醉病人的准备的内容，对人体的结构与术前麻醉的方式和部位有了基本了解，有利于本节课内容的学习，但是学生对手术前的准备工作还不熟悉。

(2)技能基础：学生已经学习了基础护理学中的无菌技术，为本课程中病人术前护理中的一些操作如备皮等，提供了技能基础，有利于本课程的学习。

(3)认知和实践能力：2019 级护理 1 班学生的前导课程考试成绩远高于其他班级，学习能力不错，但在对他人和社会的认知方面存在不足，具有一定的分析问题和解决问题的能力，但无科研意识。

（4）学习特点：下图调查结果表明学生不喜欢传统的理论教学模式，喜欢任务驱动教学法，在教师的引导下进行自主探究学习和学生间的互相探讨、互相学习。

- ■ A. 老师创设问题情景，让学生自主探究学习
- ■ B. 老师引导和启发学生互相探讨学习
- ■ C. 整节课以老师讲授知识为主 ■ D.其他

教学目标：

（1）知识目标：掌握手术前病人皮肤的准备的内容，熟悉手术前病人胃肠道的准备工作。

（2）能力目标：能正确为病人进行术前胃肠道准备宣教，能正确为病人进行术前皮肤的准备。

（3）素质目标：具有良好的职业道德、严谨细致的工作作风，尊重病人，保护病人的隐私。

教学重点：独立完成手术前病人皮肤的准备工作。

教学重点解决措施：

（1）在教学中组织学生进行案例分析、讨论、总结，以小组为单位进行实训，突破教学重点。

（2）引导学生合作学习，发挥团队合作精神。

教学难点：确定病人皮肤准备的范围。

教学难点解决措施：

（1）课前观看学习通提供的微视频，查阅网络资源。

（2）教师结合图片讲解要点。

（3）小组合作学习，互相进行备皮范围的定位。

教法：任务驱动法。

学法：自主探究法、小组合作法。

教学资源：充分利用信息化教学资源，如学习平台、软件、视频等，把学生平时熟悉的网络资源利用在学习上，既增强了学生的学习兴趣，也能引导学生充分正确地利用信息化技术进行学习，有助于解决难点问题。

| 学习通 | 幕布 | 腾讯视频 | 希沃授课助手 | 雨课堂 |

教学环境：护理智能教室。

教学流程图：

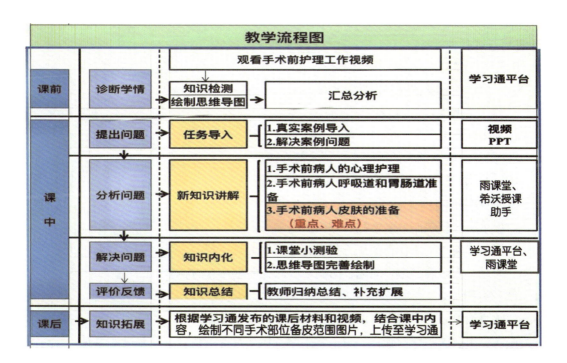

课前探究：

①教学内容。

a. 观看手术前护士的工作视频。

b. 通过观看视频，绘制术前护士需要做的工作的思维导图。

c. 完成学情分析小测试。

②教师活动。

a. 登录学习通，推送资源，发布任务。

b. 监测学生观看视频的情况，统计数据。

c. 了解小测试得分情况。

d. 分析数据，调整教学设计内容。

③学生活动。

a. 登录学习通，查看课前任务。

b. 通过观看视频，完成手术前护士工作的思维导图。

④设计意图。

a. 通过课前自主学习探究，熟悉学习目标、内容与要求。

b. 通过在线测试，分析数据，形成知识、能力与职业素养学情报告，完善课堂教学设计。

c. 课前绘制思维导图有利于学生了解手术前护士工作的流程框架，形成较完整的知识体系。

课中实施：

（1）导入任务。

①教学内容。

a. 了解课前自学情况和课前测成绩。

b. 导入案例。

c. 提出问题。

问题1：请给案例中的何女士进行术前心理护理。

问题2：如何对何女士进行术前生理准备和护理？

②教师活动。

a. 展示、分析课前自学情况和课前测成绩。

b. 展示术前护士工作框架思维导图，让学生上台讲解。

c. 通过导入案例，提出问题，明确本次课程的重难点内容。

③学生活动。

a. 倾听教师分析课前小测试题目，从中了解教学内容。

b. 学生上台展示课前任务，台下学生聆听代表发言，整合、补充自己的观点。

c. 对照该案例展开思考，探讨问题的答案。

④设计意图。

a. 通过请各组学生代表上台介绍思维导图，有利于全班学生了解本课主要内容。

b. 通过学生的上台分享，培养其语言表达能力，适时表扬学生，使其增加自信。

c. 通过临床案例，以任务问题为导向，引发学生的好奇心，引导学生明确学习的重难点。

（2）新知讲解。

①教学内容。

a. 手术前病人的心理护理：

（i）建立良好的护患关系：通过适当的沟通技巧，取得病人的信任。

（ii）心理支持：解释手术治疗的重要性、安全性，增强病人的治疗信心。

（iii）指导病人了解手术的相关知识。

b. 手术前病人呼吸道和胃肠道的准备：

（i）术前指导病人进行呼吸练习。

（ii）病人术前 1—2 周开始戒烟。

（iii）成人择期手术前禁食 8—12 小时，禁饮 4 小时。

（iv）病人术前 1 日晚行灌肠或口服导泻剂。

c. 手术前病人皮肤的准备：

（i）确定备皮范围：备皮范围包括切口周围至少 15cm 的区域。

（ii）备皮的流程：核对病人信息，检查手术区的皮肤情况，清洁，剃毛，检查毛发是否剔除干净，清洗，更衣，操作后处置。

（iii）总体要求：严格执行操作规程；操作熟练，动作轻柔，保证病人安全；在操作过程中注意沟通、保护病人隐私，体现人性化服务。

（iv）学生思考：在术前病人的皮肤准备过程中，护士需要具备怎样的素质？

②教师活动。

a. 通过 PPT 讲解护士术前需要关注的病人常见心理问题。针对导入案例中病人的心理问题，指导学生进行讨论，解决案例中的问题 1：请给案例中的何女士进行术前心理护理。请某一小组代表发言，其他组补充。

b. 教师利用 PPT 进行讲解，强调注意事项。回放案例中的问题 2：如何对何女士进行术前生理准备和护理？开始展开第二个问题的内容讲解。

c. 教师利用 PPT 讲解皮肤准备的范围，以图片和表格的方式展示。指导学生用平板电脑进行手术部位的定位，上传至学习通，教师查看总结。播放手术前病人皮肤准备的视频，并引导学生注意观察流程，然后教师再利用 PPT 进行讲解。组织学生以小组为单位进行备皮操作流程的练习。巡视，针对注意事项随机提问，发现并提示普遍性问题，关注重点学生，随时答疑。练习完成后，学生通过雨课堂的弹幕功能回答在操作过程中所需要具备的护士素质。

d. 总结、点评练习效果，分析普遍扣分点，提示后续学习训练要点；根据各组表现，安排下一环节组间相互评价。

③学生活动。

a. 认真听讲并做好笔记。思考案例中的问题1，小组讨论，得出结果。某一小组代表发言，其他组倾听并补充发言。

b. 学生认真听课，做好笔记，并思考案例中的问题2。

c. 倾听教师讲解，并做好笔记。针对案例在平板电脑上进行人体图片备皮范围的编辑并上传至学习通，倾听教师总结。根据教师安排进行流程训练，随时向教师提问。反思流程训练中的不足之处，避免再次出现类似问题，提高工作质量。打开雨课堂，根据教师安排思考问题并发弹幕。

④设计意图。

a. 在PPT中插入生动的图片，引发学生的兴趣，帮助学生理解。引导学生自主思考，培养学生的思考能力和解决问题的能力，使其享受解决问题的乐趣，培养自信。

b. 以案例任务驱动，让学生以问题为导向，在思考中解决问题。

c. 结合文字、图片、表格，多方面突破难点，在提高学生兴趣的同时也增强了学生的记忆。通过播放视频、讲解注意事项和动手操作，让学生在"学中做、做中学"，以强化重点。学生分组练习，增强学生的团队合作意识，使其在合作中取长补短，激发学生小组之间的竞争意识。通过弹幕引导学生思考，培养学生对病人关心、关爱、认真负责的态度。

（3）知识内化。

①教学内容。

a. 知识测试。

b. 完善课前任务中的手术前护理工作思维导图的绘制，并再次上传至学习通平台。

②教师活动。

a. 通过学习通平台发布知识测试题，要求学生在规定时间内完成测试，并分析测试结果。

b. 根据学生的课中学习情况和分组练习情况指导学生完善思维导图的绘制，要求尽可能地做到详细。

c. 让学生将思维导图上传至学习通平台，评出最优组，给予小奖励。

③学生活动。

a. 完成学习通测试题，了解自己和集体的测试结果，进行针对性复习。

b. 根据教师的要求完善思维导图的绘制并重新上传。

c. 对上传的思维导图进行打分。

d. 分数最高的小组分享经验。

④设计意图。

a. 对标1+X证书，通过梳理护士资格考试的考点知识测试，了解学生的学习效果，及时查漏补缺，关注弱生。

b. 绘制思维导图的过程就是整理学习内容的过程，锻炼学生对知识的梳理和归纳能力。

c. 通过学生的动手、动脑、动心，点燃其学习热情，使知识内化于心，突破难点，完成教学任务。

（4）知识总结。

①教学内容。

重点知识重现。

②教师活动。

回顾知识，强调重点。

③学生活动。

复习学习内容。

④设计意图。

让记忆重现，使学生牢固掌握重点知识。

课后作业：

①教学内容。

根据发布的材料和视频，以小组为单位把不同手术部位的术前备皮的范围绘制成图片并上传至学习通平台。

②教师活动。

安排学生课后以小组为单位绘制不同手术部位的术前备皮的范围图片并上传至学习通平台。

③学生活动。

学生在小组内合作绘制图片并上传至学习通平台。

④设计意图。

a. 巩固本节课的重点知识。

b. 绘制图片对加深学生的印象有积极意义。

板书设计：

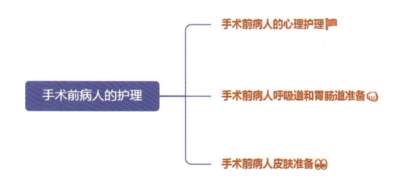

教学反思：

（1）特色与创新。

①通过课前任务发放、课中案例导入、知识讲解、小组合作学习、线上课堂测试等多种手段的运用，学生表示能较好地掌握学习内容。

②以临床工作的真实案例导入课程，为学生创设情境，提高学生兴趣，学生在思考和分析中逐渐对学习内容有了更深入的了解。

③通过学习通平台，实现线上作业的布置、及时批改、适时修改。课后还布置了绘制的作业，要求学生上传到平台，传递了信息化教学、信息化学习的理念，培养学生的信息化意识，使其感受信息化魅力。

（2）不足与改进。

不足：少部分学生在讨论中有畏难情绪，没有参与进来。

改进措施：让小组长在组织讨论时，要求每位学生都要发言，发表自己的观点。

案例 15　云端旅游之 VR 全景导游技能

一、案例简介

此案例参加 2020 年海南省中职学校教师教学能力大赛获得一等奖，参赛教师为海南省农业学校的陈丽娜、刘晓梦、李子、潘孝鹏。该案例根据"乡村导游实务"课程的教学目标，将教学内容进行了重新规划，增加了云端旅游技能的项目，体现"与行业接轨，紧密结合实际"的理念。

二、案例特色

（1）以复工复产任务贯穿始终，体现思政教育与专业教学并行。在教学过程中以行业实际现状、行业真实需求为情境任务，严格按照实际岗位的具体工作要求，让学生参与制作短视频的活动，帮助导游进行乡村旅游资源点的推广，培养学生的社会服务意识；在直播带货的学习任务中，利用学校资源，让学生参与农产品助推助销的活动，培养学生为社会作贡献的精神；让学生在进行乡村旅游直播的学习任务中，了解乡村振兴战略，增强服务意识；同时对学生进行严格要求，注重过程性评价，从而培养学生严谨的学习态度和精益求精的工匠精神。

（2）设计递进式任务，紧密结合"学中做、做中学"的教育理念。在教学过程中，始终围绕着教育教学的理念，结合实际技能需求，将项目任务具体化，根据学生的能力及培养目标，让学生逐步完成项目任务，收获喜悦，促进学习积极性的提高，激发深厚的学习主动性。借助学生喜欢的网络平台开展教学，巧妙地引导学生懂得利用网络进行学习。

（3）采用"过程性、多方位"的评价方式，体现客观性。以具体的乡村导游工作标准为主要评价依据，对整个项目进行过程性评价，能更好地督促学生学习。本项目的学习任务如短视频制作、VR 全景展示、直播带货、直播旅游等技能，其主观评价的占比较高，在评价过程中，多采用自评、互评、师评、导游评、市场评等综合评价形式，尽可能做到客观公正。

（4）在教学中充分考虑信息化手段。在教学过程中采用信息化手段，以满足教学需求为宗旨，以简单实用为出发点，充分考虑现实条件。如本次课程中的云端旅游之乡村导游相关技能，学习时需要借助常用的导游工作软件，为了更好地实现双导师共同培养，选用了学习通平台，达成线上双师指导，同时便于学生在线上线下开展学习。对于云端旅游常用软件的选用，充分考虑现实条件，筛选常用且易用的软件来满足云端旅游环境技能训练的需求。

三、案例设计

教学课题：云端旅游之 VR 全景导游技能

授课对象：观光农业经营专业一年级学生

授课课时：4 课时

课程名称：乡村导游实务

授课地点：录播室

教学内容：本课是整合教育部规划教材《导游实务》地陪导游服务的内容，结合行业对乡村导游员核心技能需求现状的调研，以及疫情期间旅游行业新发展趋势所延伸的新学习项目，云端旅游之 VR 全景制作与讲解是本项目的核心任务之一，本任务的学习基于任务一——自媒体推广，是短视频任务的延伸，对能否掌握云端直播旅游技能起到关键作用。结合课程教学目标，确定本节课的主要教学内容为：结合乡村旅游资源点现状进行推广构思，拍摄并制作 VR 全景，借助 VR 全景宣传乡村旅游点。

学情分析：

（1）知识基础：已掌握自媒体推广方式，已掌握云端旅游自媒体推广的素材采集和合成知识。

（2）能力基础：已具备一定的信息搜索和分享的能力，已具备一定的自媒体推广的能力。

（3）学习特点：学生习惯于多媒体、网络平台的学习模式，85%的学生希望能加强对云端旅游新技术的学习，学生日常喜欢看旅游平台。

教学目标：

（1）知识目标：掌握云端 VR 全景制作流程三部曲，掌握云端 VR 全景讲解的方法及要点。

（2）能力目标：能合作完成云端 VR 全景的制作，能独立完成云端 VR 全景乡村旅游的导游讲解。

（3）情感目标：培养宣传乡村旅游的社会服务意识，培养团队协作精神和自主学习意识。

教学重难点：

（1）教学重点：云端旅游 VR 全景的操作，乡村旅游点 VR 全景导游讲解。

（2）教学难点：能根据乡村旅游点的特色合作完成云端旅游 VR 全景制作，有针对性地完成 VR 全景讲解。

教学方法：

（1）教法：任务驱动法、讲授法。

（2）学法：合作探究法、自主学习法、实训法。

教学策略：教学团队课前筛选云端直播的"网红"讲解视频推送给学生观看及关注，让学生在课前先模仿练习，同时，在校内观光园等实训基地拍摄 VR 全景素材，观看教学视频并思考完成 VR 全景拍摄的疑难问题。结合学生的课前反馈，有针对性地调整课堂的教学流程，课中强调 VR 全景制作及借助 VR 全景讲解的注意事项，以达成教学目标。

教学流程框架：

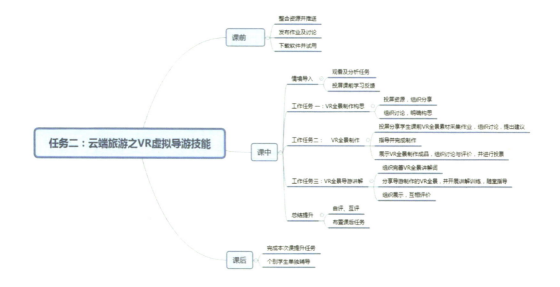

课前准备：

①教师活动。

a. 推送资源：导游师傅云端 VR 全景讲解视频、VR 制作方法短视频。

b. 发布作业：结合导游师傅提供的 VR 全景讲解构思及 VR 制作素材，搜集学校的 VR 全景图。

c. 讨论：VR 制作的难点。

d. 提出下载软件要求。

②学生活动。

a. 浏览视频。

b. 发现难点。

c. 完成作业：观看视频，准备讲解稿及素材；积极思考，在学习通平台提出难点；完成软件下载并试用。

③设计意图。

a. 通过浏览短视频，学生快速了解 VR 全景讲解要点。

b. 通过观看视频，学生了解自己学习的难点。

c. 学生通过观看导游的介绍，了解知识点，并在课前完成 VR 讲解词及素材的准备，为课上练习做好准备。

d. 学生通过思考发现难点，提出问题，便于教师掌握学生情况，整理教学思路。

e. 提前下载软件，节约课堂时间，学生通过试用了解难点。

课中学习：

(1)学习任务导入：VR 制作构思。

①教师活动。

a. 投屏资源：打开乡村旅游点的图片，组织学生分享乡村旅游点的概况及自己的构思。

b. 组织讨论，明确构思，归纳知识点。

②学生活动。

a. 观看投屏，在教师的引导下分享。

b. 参与讨论，理解知识点。

③设计意图。

a. 通过观看资源，分享乡村旅游点的情况，了解其概况及 VR 全景制作思路，为下一环节做铺垫。

b. 通过讨论来规划思路，为制作 VR 全景做准备；通过归纳，理解和掌握知识点。

（2）合作学习：VR 全景制作。

①教师活动。

a. 投屏分享学生的课前作业，组织学生分享学校观光园实训基地的 VR 全景拍摄及制作思路，并进行互评，提出建议。

b. 指导并组织学生完成 VR 全景制作训练。

c. 组织学生展示作品并进行评价，发布投票，选出最优作品。

d. 组织学生根据导游提供的素材完成乡村旅游点 VR 全景制作，并组织讨论、评价。

②学生活动。

a. 观看投屏，积极思考，主动参与讨论与评价，整理建议。

b. 完成制作，发现问题并提问。

c. 积极展示，认真观看，并进行客观评价与投票。

d. 完成 VR 全景的制作与分享，并进行客观评价。

③设计意图。

a. 通过投屏，检查学生的课前作业，督促学生养成良好的学习习惯，并组织互评，帮助学生完善思路。

b. 通过训练，学生掌握 VR 全景制作的方法。

c. 通过展示成果，培养学生的讲解能力；通过互评，培养学生的观察、欣赏能力；通过投票，促进学生的竞争意识，提高其学习积极性。

d. 通过训练，学生进一步掌握乡村旅游点 VR 全景制作的技能，并通过讨论与评价，加强技能点的掌握。

（3）完成操作任务：VR 全景导游讲解。

①教师活动。

a. 组织学生以组为单位，根据课前整理的讲解词进行分享，组织评价，提出要求。

b. 播放导游制作的 VR 全景，打开学习通直播功能，组织学生利用 VR 全景开展线上导游讲解的练习，随堂进行指导。

c. 分组展示，组织学生分享不足并点评。

②学生活动。

a. 完善 VR 全景讲解词。

b. 认真练习，互相指导。

c. 完成展示，聆听点评，并积极发表评价。

③设计意图。

a. 通过完善讲解词，为下一阶段的讲解练习做准备。

b. 通过对比导游制作的 VR 全景，促进学生的技能提升；同时利用学习通的直播功能，营造线上讲解氛围，帮助学生完成训练，全程跟踪指导。

c. 通过展示、互评、对比促进学生的能力提升，有针对性地解决问题，突破难点。

(4) 总结评价。

①教师活动。

a. 发布任务达成评价表，组织学生填写评价表。

b. 组织课堂点评，教师评价。

②学生活动。

a. 客观填写评价表。

b. 由宣传员作为代表对小组成员的课堂表现进行评价，听教师点评。

③设计意图。

a. 根据任务达成评价标准来完成评价，找出问题。

b. 互相点评，促进成长。

课后拓展：

①教师活动。

a. 发布作业：完成 VR 全景讲解练习，录制小视频并提交。

b. 检查学生的 VR 全景讲解练习。

②学生活动。

a. 记录作业。

b. 完成课后作业。

③设计意图。

a. 布置作业以巩固本次课的学习要点。

b. 通过课后练习，巩固知识与技能点。

板书设计：

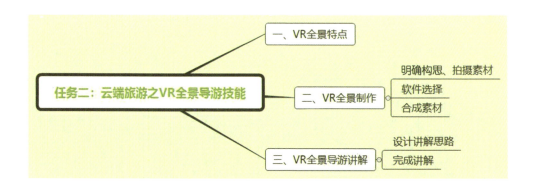

教学反思：

本课的教学目标明确，充分利用企业资源，有效借助信息化教学手段，让学生以自主与合作交替进行的方式开展学习，结合过程反馈及课堂表现，将本课的教学效果总结如下：

（1）解决重点，突破难点。

借助企业资源，同时通过学习通的直播功能营造工作情境，更有效地完成实训，较好地解决了重点、难点。

（2）亮点与特色。

本课借助一线导游的教学资源，让学生多看多总结，借助平台营造情境，辅助训练效果显著。

（3）不足与改进。

学生在课前无法直接到乡村旅游点进行素材搜集，仅借助模拟观光园采集素材，限制了学生的思维空间，今后应充分利用线下外出实践教学的机会，改善教学条件，提升教学效果。

案例 16 咖啡制作

一、案例简介

此案例参加 2021 年海南省职业院校技能大赛中职学校教师教学能力比赛获得一等奖，参赛教师为海南省旅游学校的何燕、王瑾、陈瑜、张崇。教学内容系中职旅游服务类高星级饭店运营与管理专业"咖啡制作"课程的内容。

二、案例特色

（1）对接职业等级，实现课证融通。将咖啡师（五级）标准作为本模块的技能目标，通过 1+X 职业等级标准活页式评分表对学生进行教学、考核，实现课证融通，为以后学生考取 1+X 等级证书做准备，提高学生的考证通过率。

（2）利用多种信息手段，提升课堂效率。通过云班课平台布置课前教学任务、开展课后延学、进行课堂互动等；运用录播设备系统，放大实训示范时的操作细节，上传同步录播视频到资源库，监测学生的实训过程等，解决了实训课学生看不清操作细节的问题，也方便学生随时观看示范视频及教师对学生实训情况的监测；利用多种信息化手段，重构传统课堂教学模式，教学过程得以优化，极大地提升了课堂效率。

（3）融入课程思政，提升育人成效。紧抓"立德树人"的教育根本目的，注重与专业学习情境融合。在"咖啡制作"课中以课程思政贯穿始终，将知识传授与育人理念相结合，在课程体系搭建和课程标准撰写时采用"素质、知识、技能"三维度的方式，紧抓"立德树人"这根指挥棒。结合学习任务特点，在课时中融入"鼓励学生通过云班课自主探究，学习新技术，为中国咖啡文化的传播、为民族产业的发展做贡献"的理念。根据相应课时内容的素质目标，培养学生具备传统美德、家国情怀、职业素养、专业精神、精益求精的工匠精神、劳动精神和服务意识，全程落实课程思政。

（4）校企协同培养，提高岗位能力。以校企合作任务为驱动力，将真实企业典型案例引入课堂，激发学生的学习兴趣；学生在校企"双导师"的共同指导下，在校企共建的校内外咖啡实训室和实训基地中体验完整的咖啡制作及服务流程，实现"知原理、懂技术、会运用"；并通过企业导师的跟踪评价和指导，实现教学与就业岗位的无缝衔接，最终完成工作任务的验收。

三、案例设计

作品名称：咖小白成长记

课程名称：咖啡制作

授课课时：16 课时

授课类型：理实一体

授课学期：二年级第二学期

授课地点：咖啡生产性实训室、咖啡理实一体化教室、咖啡品鉴教室

授课对象：2019 级酒店 3 班(27 人)

教材分析：

(1)教材选用依据。

本课程选用的教材是中等职业教育规划教材旅游服务类专业系列《咖啡实用技艺》(第二版)(如下图)，该教材共分五大教学模块：咖啡基础知识、手工咖啡实操训练、专业咖啡机使用、经典花式咖啡制作、咖啡馆(厅)的筹备与管理。本教材内容丰富，从理论知识到技能操作，层层递进，由浅入深。同时，本教材还对部分核心实操技能配有操作视频二维码，学生可以扫码观看并自主学习。

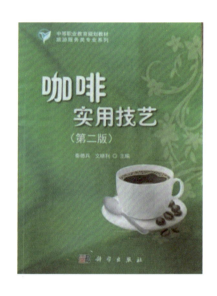

(2)教材处理。

根据《咖啡师国家职业标准》、学生未来的职业选择、企业工作岗位的需求及实际课时的限制，遵循学生未来在实际工作岗位上服务员→咖啡师→吧台长的成长主线，将学生的学习分成咖小白入职、咖小白成长、咖小白升职三个阶段，并根据这三个阶段所对应的酒店餐厅及咖啡厅服务员、咖啡师、吧台长三个工作岗位的实际需求，对教材的内容进行了选取、整合，形成了咖啡基础知识、咖啡服务、单品咖啡制作、意式咖啡制作、咖啡拉花、吧台运营与管理六大教学模块。遵循理论知识→咖啡服务→咖啡专业技能→吧台管理的知识结构框架，筛选、重组教材的教学内容，合理安排教学过程，层层深入，由浅入深，循序渐进，符合学生的认知规律，激发学生的学习兴趣，有利于达到较好的教学效果。

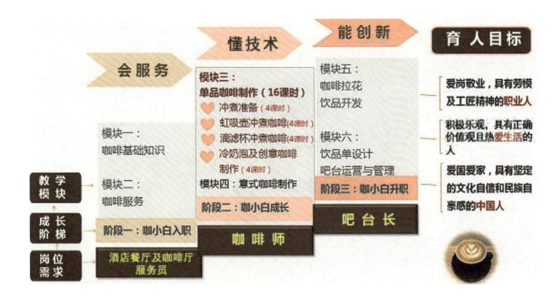

教学内容分析：

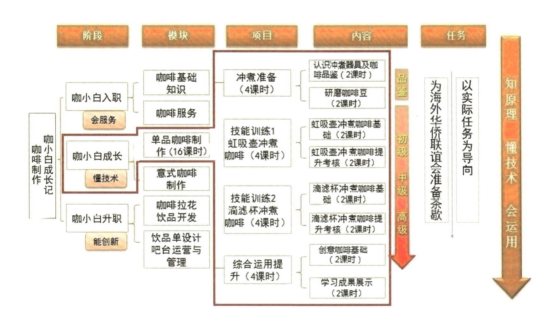

　　《咖啡制作》课程分为 3 个阶段，6 个教学模块。本次教学设计的 16 课时是属于"咖小白成长"学习阶段中的单品咖啡制作模块，分为冲煮准备、技能训练 1(虹吸壶冲煮咖啡)、技能训练 2(滴滤杯冲煮咖啡)、综合运用提升 4 大项目，共 8 个教学内容。本模块教学内容以为海外华侨联谊会准备茶歇为驱动任务，并通过学生对咖啡的了解、品鉴及冲煮技能的提升，培养学生对咖啡的热爱、对职业与生活的热爱、对家乡的热爱，树立文化自信、民族自豪感。

教学流程：

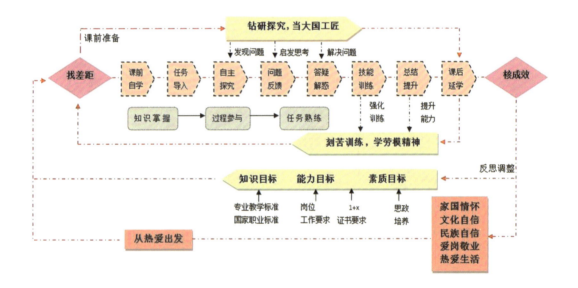

职业技能等级标准：《咖啡师国家职业标准》初级

教学活动安排：本课程的教学根据不同的教学内容分别在咖啡理实一体化教室、咖啡品鉴教室、咖啡生产性实训室开展；针对不同的工作场景，配备不同的教学设备，完成有针对性的教学任务。

信息技术与资源：

（1）鸿合一体机：内置安卓系统、Windows 操作系统，同时可以连接 U 盘等外部视频信号源等。

（2）多媒体电视。

（3）学生平板电脑：已安装云班课、问卷星等。

（4）录播系统：可实时直播和回放教师与学生的活动。

（5）云班课 APP。

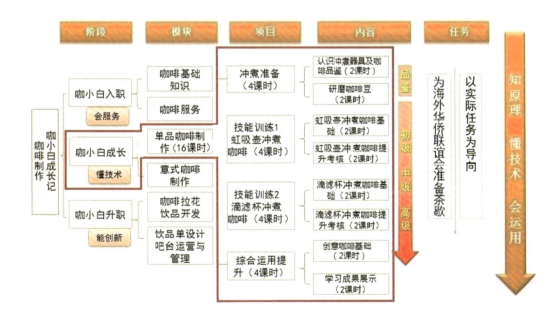

（6）中国大学 MOOC。

（7）教师微课。

（8）学习强国平台。

（9）实录视频。

（10）校企合作微视频。

（11）网络视频素材。

（12）教学资源库。

（13）信息化教学资源网络平台。

授课内容：咖啡制作——认识冲煮器具及咖啡品鉴

授课类型：理实一体课

课程名称：咖啡制作

选用教材：《咖啡实用技艺》（第二版）

授课课时：2 课时（80 分钟）

授课时间：第 5 周

专业名称：高星级饭店运营与管理专业（130100）

授课地点：咖啡理实一体化教室

授课班级：2019 级高星级饭店运营与管理专业 3 班

内容分析：

本次课是教材章节重构后第二阶段"咖小白成长"中"单品咖啡制作"模块的项目一"冲煮准备"的内容"认识冲煮器具及咖啡品鉴"，是单品咖啡制作模块的基础，为后续项目二、项目三的学习做铺垫。

学情分析：本课程的实施对象是中职高星级饭店运营与管理专业二年级学生。

（1）知识基础：

①已掌握咖啡的基础知识，通过测试和前期的作业（咖啡的起源、咖啡的传说、咖啡的传播、中国的咖啡产地分布）发现学生的掌握率达到88.3%以上。

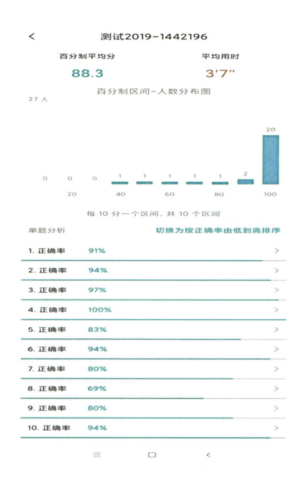

②认识了咖啡树的种类及咖啡豆的采摘加工过程。

③了解了咖啡的起源、世界咖啡文化、咖啡豆的烘焙方式。

（2）技能基础：

①能够较准确地区分罗布斯塔豆、利比里亚豆及阿拉比卡豆。

②能够说出"咖啡的一生"（育苗—开花—结果—青果—熟果—去皮—晾晒—烘焙—研磨—黑咖啡）。

（3）认知与实践能力：

①有一定的实践动手能力，更喜欢从完成实践任务中获取知识。

②具有信息化学习经历和体验，能应用教学平台、网络和教学软件进行在线学习，具备一定的信息搜索能力，但学习不够深入，对信息的处理能力有待提升。

（4）学习特点：

①偏向于通过形象及感官体验获取知识。

②问卷调查统计结果表明学生不喜欢传统的教学模式，更喜欢采用竞赛游戏、获取经验值等方式进行学习。

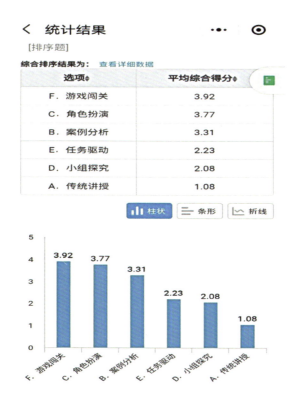

③认识到咖啡工人从采摘到烘焙的流程中的艰辛，对吃苦耐劳的职业精神产生共情，对具备吃苦耐劳的优良品质，树立劳动光荣、爱岗敬业的意识的岗位要求产生认同。

教学目标：

（1）知识目标：

①了解咖啡进入中国的历史。

②理解咖啡的醇厚度及风味的概念。

③了解单品咖啡的冲煮器具及冲煮原理。

④掌握咖啡品鉴表的填写方法。

（2）能力目标：

①能够讲述爱国华侨实业救国的故事。

②能够找出单品咖啡器具的配件并组装。

③懂得对咖啡做出初步品鉴。

（3）素质目标：

①养成良好的卫生习惯。

②具备和谐的团队协作精神。

③具有爱国爱家乡的家国情怀。

④具有文化自信及民族自信。

教学重点：

（1）引导学生完成对单品咖啡的品鉴。

（2）培养学生的家国情怀。

（3）学生懂得制作单品咖啡所需的不同冲煮器具的构成原理并能将它们组装在一起。

教学重点解决措施：

（1）通过课前云班课发布的任务，培养学生主动学习、获取信息的能力。

（2）学生分小组开展自主学习，上传耶加咖啡品鉴风味分享小视频至云班课资源库。

（3）教师在课堂上通过声情并茂的讲述引发学生共情，激发学生的爱国之情。

（4）通过寻宝游戏及引导品鉴来测试学习效果，突破教学重点。

教学难点： 学生难以理解品鉴表中的"醇厚度"和"风味"。

教学难点解决措施：

（1）用日常生活中学生们能够理解的水、牛奶、酸奶的口感进行类比，帮助学生理解醇厚度。

（2）通过实物对比，让学生感受咖啡中不同的风味，如坚果味、水果味。

（3）采用不同器具冲煮同款咖啡，进行分组品鉴，引导和启发学生通过实践掌握咖啡的品鉴技巧。

教法： 任务驱动法、情景模拟法。

学法： 自主探究法、小组合作法。

教学资源：

云班课平台　　　　　　（教学用）品鉴表

寻宝PK小游戏

教学环境（咖啡理实一体化教室）：

（1）鸿合一体机：已安装云班课、录播软件、咖啡知识小测验游戏等。

（2）学生电脑：已安装云班课、咖啡知识小测验游戏。

（3）高清录播系统：可直播和回放教师与学生的活动。

（4）咖啡操作台、单品咖啡冲煮器具若干套。

教学实施：

（1）课前。

明确教学流程：

课前任务："寻找家乡味""咖啡器具我知道"。

课中：任务导入—自主探究—问题反馈—答疑解惑—技能训练—总结提升。

课后作业：设计虹吸壶冲煮方案。

①教学内容（课前任务）。

a. 在云班课平台发布任务1："寻找家乡味"，学生推荐家乡咖啡品牌。

b. 在云班课发布任务2："咖啡器具我知道"，通过上网或实地了解，在云班课平台上写出有哪几款冲煮咖啡的器具。

②教师活动。

a. 发布课前任务。

登录云班课平台，发布课前任务。

b. 监测统计数据。

通过云班课平台在线监测学生的完成情况，统计平台数据。

③学生活动。

a. 查看课前任务。

登录云班课平台，查看课前任务。

b. 完成课前任务。

完成课前任务并上传至云班课平台。

④设计意图。

a. 学生完成课前任务，初步了解本土咖啡产地及品牌；初步认识有哪几款咖啡冲煮器具。

b. 监测统计数据，及时检测学习效果。

c. 培养学生的自主学习能力。

（2）课中任务导入（6分钟）。

①教学内容。

（导入片段实录）推荐"有家乡味道的咖啡"。

②教师活动。

a. 播放视频，发布任务。

视频：学长在咖啡服务中遇到海外华侨的个性点单："想要一杯有家乡味道的咖啡。"

提出问题：如果是你在现场服务，你会推荐哪款有家乡味道的咖啡呢？

b. 发起抢答。

在云班课平台发起头脑风暴后，根据推荐情况，发起抢答，要求学生讲述推荐理由。

"我发现，同学们推荐福山咖啡的比例很高，那推荐理由是什么呢？让我们发起抢答，请一位同学来告诉我吧！"

c. 播放视频，引起共鸣。

根据学生表述的感受，教师引导学生回顾1932年抗战期间战火纷飞的苦难岁月。

通过黄炎培这样的爱国志士的事迹及陈显彰这样的爱国华侨具体的实业救国行动，引起学生共鸣，强化其爱国之情。"是什么样的力量在支持着他们毅然冒着生命危险开展实业救国？都是源于内心对祖国的热爱！"

"生活在和平年代，作为咖啡师，你有什么感受想分享呢？"

d. 学长发布茶歇任务。

学长冲煮的福山咖啡得到海外华侨认同，华侨决定将侨联会茶歇任务交给学长。学长希望学弟学妹好好学习专业知识，掌握好技能，共同参与到此任务中。

③学生活动。

a. 观看视频，提交答案。

通过云班课平台，在线提交本土的咖啡品牌：兴隆咖啡、福山咖啡、母山咖啡等。

b. 讲述推荐理由。

"福山咖啡是华侨带回来的，而且福山的土壤和纬度特别适合福山咖啡的种植，口感香醇顺滑，所以，福山咖啡的味道应该就是华侨们喜欢的味道。"

c. 听实业救国故事，产生共鸣，分享当下感受。

"老师，我立志一定要成为一名优秀的咖啡师！"

d. 观看视频，接受任务。

④设计意图。

a. 让学生感受到优秀学长的榜样力量。

b. 依托云班课平台及课程视频，增强学生的学习兴趣。

c. 通过讲述推荐理由，训练学生的语言表达能力。

d. 了解家乡本土品牌，增强对家乡的热爱。

e. 坚定信念，强化职业理想。

（3）课中自主探究（15分钟）。

①教学内容。

a. 单品咖啡冲煮器具名称：法压壶、滴滤杯、虹吸壶、摩卡壶、比利时壶。

b. 咖啡冲煮器具的结构。

②教师活动。

"工欲善其事，必先利其器。"要想冲煮出一杯好喝的咖啡，那么选择合适的器具就显得非常重要。

a. 组织"寻宝 PK 小游戏"。

课前将单品咖啡冲煮器具的各配件分别藏在了实训室的各个角落，学生需要在最短时间内找齐配件并组装好，同时简单介绍器具，用时最短者加 5 分，其他依次加 3 分、2 分。

b. 发布冲煮咖啡的抖音小视频，学生自主学习，找差异。

③学生活动。

a. 单品咖啡冲煮器具配件寻找并组合。

分为 6 个小组，派出代表寻找配件并对器具做简单介绍。

b. 寻找不同之处。

通过视频学习，观察冲煮咖啡过程中使用到的相关器具，查看小组寻找到的器具是否有缺漏。

④设计意图。

a. 学生喜欢游戏活动，参与热情高，通过游戏活动能检验学生的学习效果。

b. 通过抖音小视频这种学生群体乐于接受的形式，让学生进行自主探究。

(4)课中问题反馈(3 分钟)。

①教学内容。

a. 检查并做指导。

b. 小组咖啡器具纠偏，完成咖啡器具与各配件组装。

②教师活动。

由教师检查各小组完成情况，并逐一进行单品咖啡冲煮器具的原理介绍，指出常见操作中的不足：卫生习惯、缺少滴滤纸、未准备搅拌棒、未准备计时器或计时器未开启、台面清洁等。

③学生活动。

发现不同，提出问题：

a. 为什么需要这么多不同款式的咖啡器具呢？

b. 为什么需要用那么多的配件呢？

c. 这样冲煮出来的咖啡味道有什么不同呢？

④设计意图。

a. 主动学习、善于思考、勇于表达、活泼自信。

b. 细节决定成败，职业素养提升。

（5）课中答疑解惑（16分钟）。

①教学内容。

咖啡器具的冲煮原理：法式滤压壶、滴滤杯、虹吸壶（常用这三款）。

②教师活动。

"这杯有着家乡味道的咖啡究竟是什么样的味道呢？大家想不想尝尝看？那接下来老师为大家示范用三种器具冲煮福山咖啡，并教大家如何品鉴一杯咖啡的口感和风味。"

介绍原理：

法式滤压壶：密闭浸泡，开水与咖啡粉充分接触，上盖焖煮，释放咖啡精华成分。

滴滤杯：利用热水冲泡，释放咖啡精华成分。

虹吸壶：利用热胀冷缩的原理和蒸汽压力，使被加热的水由下向上流升，完全萃取咖啡粉的营养成分，过滤残渣后，再度回流到壶内完成萃取。

③学生活动。

认真观察桌面上的器具。

④设计意图

教师通过示范、讲解为学生答疑解惑。

（6）课中技能训练（35分钟）。

①教学内容。

a. 学习风味轮。

Flavor"风味"是香气、酸度与醇度的整体概括，可以用来对比咖啡的味道。

b. 品鉴咖啡并评价。

品鉴表

类型：教学用表				品种：福山咖啡
冲煮器具	酸	甜	苦	醇厚	风味
法式滤压壶					
手冲滤滤杯					
虹吸壶					

说明：评价分值根据口感刺激程度分别为 6-1 分.
以酸为例：6 分：极酸　5 分：非常酸　4 分：很酸
3 分：比较酸　2 分：有点酸　1 分：微酸

分值：满分 10 分，可根据个人喜好为三款咖啡风味评分。

c. 用不同器具冲煮咖啡并品鉴。

d. 分享咖啡风味。

②教师活动。

"既然大家已经认识了器具，也了解了冲煮原理，那么现在就让我们一起来看一看，一杯咖啡是如何从咖啡豆开始变身的！在此之前，让我们先来认识'风味轮'。"

a. 品鉴咖啡的风味。

品鉴咖啡其实是味觉与嗅觉结合的综合体验。经过烘焙的咖啡蕴含了 1500 多种香气，它们和酸、苦、甜等味道相结合，形成了复杂而迷人的咖啡风味。

b. 指导学生填写品鉴表。

采用日常生活中学生能够理解的水、牛奶、酸奶进行类比，帮助学生理解醇厚度。

通过实物对比，让学生感受咖啡中不同的风味，如坚果味、水果味。

c. 法式滤压壶冲煮咖啡。

第一，进行清洁工作。

第二，磨咖啡豆。

第三，操作流程：温壶—放咖啡粉—注入 92°热水—搅拌—加盖—分离咖啡液—装杯—清洁。

d. 品鉴法式滤压壶咖啡。

e. 滴滤杯冲煮咖啡。

进行准备工作—磨咖啡豆—折叠滤纸放入上座杯中—装入咖啡粉后轻敲滤纸—三次注水—倒咖啡液入杯—咖啡上桌—清洁台面

f. 品鉴滴滤杯手冲咖啡。

g. 虹吸壶冲煮咖啡。

进行准备工作—加水加热—插入并扶正上座—磨咖啡豆—加咖啡粉、第一次搅拌—温杯、完成第二次搅拌—降温、取杯、倒咖啡液—清洁台面

h. 品鉴咖啡并完成总体评价。

将三款用不同方式萃取出的福山咖啡液分成六组交给学生，同步引导学生进行品鉴。

i. 投屏结果。

将学生的品鉴表结果投屏至大屏幕，并请学生代表进行品鉴分享。

③学生活动。

a. 准备工作。

每位学生面前准备好一个小杯子(品鉴杯)、一个勺子、一张吸水纸、一杯白开水、一份风味轮、一份评价表、坚果、巧克力、黄油、小麦。

b. 实操学习。

认真观察、品鉴咖啡、评价口感、分享风味、推荐最佳咖啡。

c. 角色扮演。

"我是小小咖啡师"——品鉴咖啡，利用准备好的一个小杯子(品鉴杯)、一个勺子、一张吸水纸、一杯白开水、一份风味轮、一份评价表，完成第一次用法式滤压壶冲煮的咖啡的品鉴，在品鉴表中填写代表口感的相应数值。

d. 实操学习。

完成第二次用滴滤杯冲煮的咖啡的品鉴，在品鉴表中填写代表口感的相应数值。完成第三次用虹吸壶冲煮的咖啡的品鉴，在品鉴表中填写代表口感的相应数值。

e. 品鉴分享。

在云班课平台录入品鉴表分值，每个小组派出一位代表进行咖啡风味分享并推荐一款最喜欢的冲煮方案。

④设计意图。

a. 运用咖啡器具及风味轮完成咖啡品鉴学习。

b. 在做中学、学中做，领会更深刻。

c. 角色扮演，互动性更强。通过教师引导，学生扮演小小咖啡师，使学生的角色代入感较强，增强职业归属感，对专业更加热爱。

d. 在信息化教学平台同步投屏学生的品鉴结果。

(7)课中总结提升(5分钟)。

①教学内容。

a. 结合课程思政点评虹吸壶冲煮方案。

b. 布置作业。

②教师活动。

"根据同学们的分享和推荐，不难发现，用虹吸壶冲煮出来的福山咖啡得到了大多数同学的认同。恭喜各位，因为福山咖啡豆属于中深度烘焙的罗布斯塔豆，确实更适合用虹

吸壶冲煮，保留了它原有的香郁醇厚、绵柔顺滑的口感，更带有坚果、黄油、焦糖和巧克力的风味，让我们不禁爱上福山，更能体会为什么老华侨心心念念的依旧是家乡的这杯咖啡的味道！

如何使用虹吸壶在侨联会上为华侨冲煮出一杯包含浓浓家乡情的咖啡呢？留待我们下次课一起来探讨！"

③学生活动。

学生点评：三款咖啡口感的差异性。

④设计意图。

a. 课程思政：爱国华侨的家国情怀。

b. 增强学生的使命感。

（8）课后延学。

①教学内容。

布置作业。

②教师活动。

请学生进一步了解虹吸壶原理，设计用虹吸壶冲煮咖啡的方案，提交至云班课平台。

③学生活动。

完成作业，并上传至云班课平台。

④设计意图。

a. 利用信息化教学手段，充分运用云班课资源平台，可及时关注学生提交作业的进度。

b. 培养学生的自主学习能力。

板书设计：

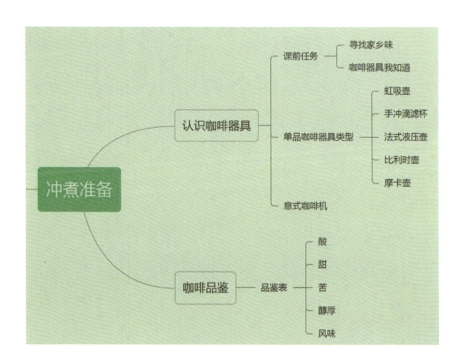

教学反思:

(1)特色与创新。

本次课程将课程思政与专业课高度结合,通过优秀的学长咖啡师为海外华侨提供个性化咖啡服务得到认同后,发布侨联茶歇任务,并以茶歇任务为主线,让学生学习相关理论知识和操作技能,既是校企深度合作的体现,又能借助华侨对家乡味道的思念烘托海外华侨的拳拳赤子心、落叶归根的爱国情意,结合"实业救国"理念,在中国共产党建党一百周年之际,把握了对学生进行爱国教育的好契机。

①特色:将信息化教学手段充分运用于课堂内外;以建党百年为契机,在课程中融入党史、爱国教育。

②创新:充分发挥学生的主体性,使学生在做中学、学中做,主动学习,分享问题,教师再答疑解惑,将专业咖啡品鉴方式带入课堂,为学生提供仿真实训空间,最大限度地达成理实一体化教学模式。

(2)不足与改进。

①由于教学空间及设施设备有限,主要以小组为单位进行活动,做不到人人动手。

②学生的学习主动性有待提高,线上线下任务完成率为98%以上,但是,完成质量还有待提升。尤其是进行器具介绍和风味分享时,学生会出现紧张、忘词、语言不够通顺的情况,由于练习得少,口感及风味品鉴准确性把握得还不够准确。

③利用信息化手段进行课后延学,布置任务,安排学生进入咖啡吧,在课前课后多练习、多讲解、多操作,争取做到人人掌握咖啡品鉴专业技能,个个都是专业小能手。

案例 17　黎族筒裙的织绣与缝制

一、案例简介

此案例参加 2021 年海南省中职学校教师教学能力大赛获得一等奖，参赛教师为海南省儋州市中等职业技术学校的左曼丽、马芳、陈达谞、符秀美。教学内容为服装设计与工艺专业的"服饰手工艺"课程，授课对象为 2020 级服装 3+2 大专班一年级学生。

二、案例特色

（1）多措并举，思政贯通，实现三全育人。秉承立德树人的核心任务，课前加强劳动教育，课中融入家国情怀、吃苦耐劳品质、精益求精工匠精神三重思政元素，课后让学生通过接触行业工匠，学习工匠精神，并引导学生在课余时间继续学习，实现全员、全过程、全方位三全育人。

（2）采用"查，析，晓，核"策略，实现实践育人。采用"查，析，晓，核"教学策略，创新教学方法，评价学生学习，诊断原因，调整修改，跟踪学生学习质量状况，提升学生培养质量。

（3）校企联动，跨校合作，实现协同育人。同类学校进行专业跨校合作，师资、设备和资源等相互共享，反哺教学，实现跨校协同育人。促进教研融合发展，促进教师教学团队在信息技术应用、传统技艺、团队协作等方面的水平提升，构建了职业教育教学质量持续改进的良好生态。

（4）"五个协同"谋育人，全面提升学生素养。采用"五个协同"育人体系——课程思政协同育人，指引方向；校企联动协同育人，落实方法；理实结合协同育人，支撑教法；科教结合协同育人，辅助教学；跨校组合协同育人，整合资源。以思政引领，五育并进，实施全方位全过程的三全育人模式，培养学生的全面发展。

（5）借助资源手段，化解重点难点。设计希沃白板游戏题目，促进学生对理论知识的掌握，借助学习通、iPad 等信息化手段进行教学，不仅激发学生的学习兴趣，也能有效采集学生学习的统计情况，通过数据分析差异，进行教学预判，化解教学难点，达成教学目标。把传统黎锦织造技艺用动画、微课形式呈现，上传至网络教学平台，供学生参考使用，有助于启发学生的学习。

三、案例设计

课题名称：一织一线总关情——黎族筒裙的织绣与缝制
授课对象：2020 级服装 3+2 大专班一年级学生

授课学时：18 学时

课程名称：服饰手工艺

授课地点：实训楼二楼综合实训室

内容分析：

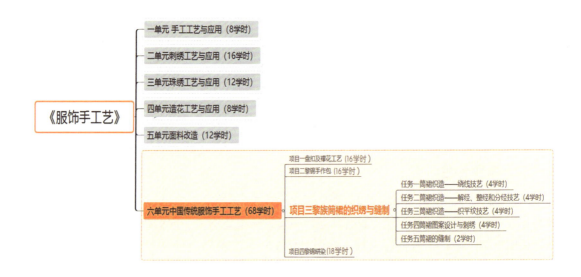

"服饰手工艺"是服装设计与工艺专业的一门专业基础技能方向课程，是针对中高职 3+2 分段制班级而开设的专业课程，对接高职专科阶段的"服饰手工艺"课程，培养服饰设计助理和服饰手工岗位人才。根据教学标准和企业岗位标准、要求，将原有的 11 个单元整合为 6 个单元。

本教学单元为单元六的项目三——黎族筒裙的织绣与缝制，总计 18 个学时，按照工艺流程分为五大任务：筒裙织造——绕线技艺，解经、整经和分经技艺，织平纹工艺，筒裙图案设计与刺绣，筒裙的缝制。本项目在教学中起承上启下作用，工作流程多，教学难度大。

目标分析：

（1）工序流程：绕线—解经、整经和分经—织平纹—图案设计与刺绣—筒裙缝制。

（2）对应岗位：服饰手工—服饰手工—服饰手工—设计助理、服饰手工—设计助理。

（3）岗位要求：擅长服饰手工工艺，会图形设计，懂色彩搭配，懂缝制工艺。

（4）知识技能目标：

①理解绕线的标准和要求。掌握绕线技巧，能按照标准和要求绕线。

②了解腰织工具。理解解经、整经、分经流程，掌握解经、整经、分经技巧。

③理解织平纹的原理、标准和要求。掌握织平纹技巧，能按照标准和要求织。

④理解图案的内涵、刺绣针法。掌握图案二方连续排列设计方法，能用基本针法进行

图案刺绣。

⑤了解筒裙的开合方式和缝制流程。掌握筒裙缝制的工艺技术。

教材分析：

(1)《服装手工工艺》(第 2 版)作者：潘凝，2003 年 7 月，高等教育出版社。

(2)《服饰手工艺》作者：李佩，2019 年 9 月，中国纺织出版社。

(3)《服饰手工艺》活页式教材和配套的《标准评分手册》。

单元学情：

(1)知识技能基础：学生经过项目二的学习，有了黎锦织造技艺知识和技能基础，大部分学生能很好地完成黎锦织造任务，但是对黎族传统服饰文化了解少。

调整策略：设计黎族筒裙项目，加深学生对黎族传统服饰的认识。

(2)认知实践能力：大部分学生能掌握幅宽比较窄的布的织造技术，会织造简单小件作品。幅宽如果加大，增加了技能的难度和质量要求。学生在语言表达方面比较弱。

调整策略：通过黎族筒裙项目来锻炼学生的织造技艺。继续鼓励学生表达想法和意见，锻炼他们的口头表达能力。

(3)学习特点：在合作探究的教学方法下，教学目标达成度更高。学生倾向于小组合作学习法，喜欢图形设计和刺绣任务，也倾向于能自主发挥的行动导向教学法。

调整策略：采用小组合作法、行动导向教学法，发挥学生更多的主体性。

(4)特殊个体：有个别学生存在手脚不协调问题，导致实操比较慢，并且他们有了畏难情绪，认为自己的动手能力差，学不好，积极性不高，主动性不强。

调整策略：课中、课余加强指导或帮助。

教学策略及方法：

(1)理实一体化教学法：理论与实践相结合，主要包括讲授和示范、学生分组练习、巡回指导等。

(2)任务驱动法：根据织造流程，布置织造任务，教师引导，学生动手操作完成任务。

(3)分组练习法：将学习基础好的、基础中等的与基础弱的学生分到一组，并兼顾学生之间的友谊情感，每组保证强、中、弱的组合。

(4)练习反馈法：学生练习操作，能及时反馈课堂学习的效果。

(5)行动导向教学法：在教学过程中充分发挥学生的主体作用和教师的主导作用，注重对学生分析问题、解决问题能力的培养，从完成某一方面的"任务"着手，通过引导学生完成"任务"，从而实现教学目标。

教学资源：

硬件资源：

软件资源：本项目的教学资源有动画 3 个、微课 10 个、虚拟软件 1 个、课件 5 个。

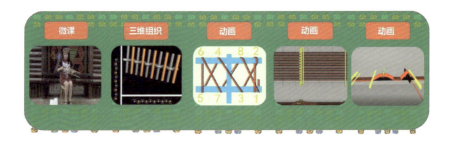

过程设计：

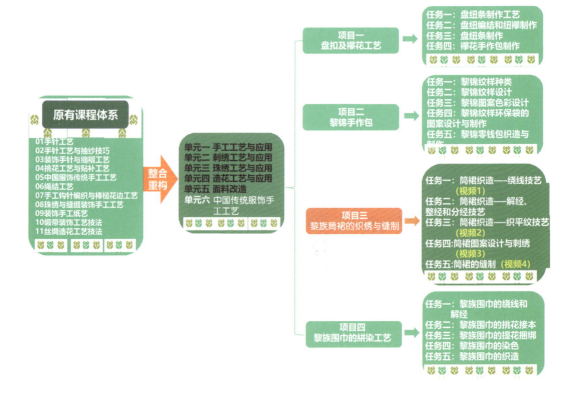

为了对接大专课程，围绕立德树人根本任务，紧扣教学标准、企业标准，将原有的11 个单元整合为 6 个单元，本项目在第六单元项目三，有 5 个教学任务，每个任务都是采用"查，析，晓、核"教学策略，设计"导入任务—分析任务—实施任务—评价诊改—问题解惑—调整修改"教学过程，实现教学的学、评、改，跟踪教学质量。

内容分析：参考了国规教材《服装手工工艺》和《服饰手工艺》，开发活页教材，将本项目分为 5 个任务，本次课选自黎锦筒裙任务一：筒裙织造——绕线技艺。

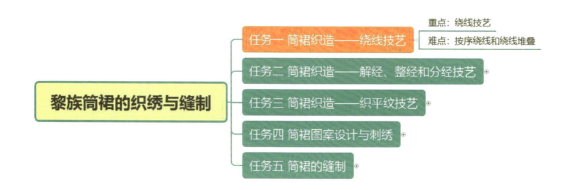

学情分析：

（1）知识和技能基础：学生通过上一个项目的织造习得绕线操作技艺，根据课前测试题的结果发现，学生对绕线技术要领的掌握较差，绕线标准记不全，色彩知识回答得较好，在 90 分以上。

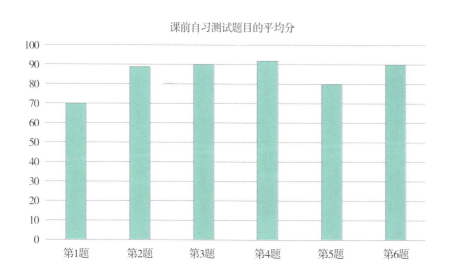

（2）认知和实践能力：学生的学习能力不同。学习能力强的学生，看一遍示范就能上手操作，能揣摩绕线要求，控制绕线松紧力度；学习能力中等的学生，需要反复看几遍示范，再请教，才能开始绕，绕线比较紧；学习能力弱的学生，要依赖同学或者教师一步步

地指导。

（3）学习特点：

①多数学生学习忘性大，通过交错式练习，让学生在不断温习之前的技能练习中，获得新的技能。

②学习态度影响学生的技艺水平。追求完美的学生，会严格要求自己，能按照标准来做。多数学生追求完美状态，少部分注重完成时限，并不注重质量与效果。

教学目标：

（1）知识目标：理解绕线的标准和要求。

（2）能力目标：掌握绕线技巧，能按照标准要求绕线。

（3）情感目标：培养吃苦耐劳的精神。培育家国情怀，提升人文素养。培养团队合作精神。

教学内容分析：

（1）知识点：筒裙的发展、分类、结构及内涵，绕线技艺知识点，色彩知识。

（2）预判依据：根据上一个项目的织造情况，发现有部分学生对绕线的技术要点没有完全掌握。

教学重点： 绕线技艺。

教学难点： 绕线顺序和绕线堆叠处理。

教学策略及方法：

（1）理实一体化教学法：理论与实践相结合，主要包括讲授和示范、学生分组练习、巡回指导等。

（2）任务驱动法：根据织造流程，布置织造任务，教师引导，学生动手操作完成任务。

（3）分组练习法：将学生分为5个小组，每组6人或7人，分组练习。将学习基础好的、基础中等的与基础弱的学生分到一组，并兼顾学生之间的友谊情感，每组保证强、中、弱的组合。

（4）练习反馈法：学生练习操作，能及时反馈课堂学习的效果。

教学资源：

（1）教材资源：《服饰手工艺》及评分标准手册，1个课件、1个微课、1个动画。

（2）素材资源包：绕线技术资源包、色彩搭配资源包。

（3）信息化资源：学习平台、希沃白板、平板电脑。

教学实施流程设计：

教学流程：

（1）课前自习。

①教师活动。

a. 在网络教学平台推送关于筒裙和绕线的学习资源包。

b. 根据本节课内容，将学生分成 5 组，每组 6 人或 7 人，分工合作。根据学习能力以及学生之间的友情，进行强、中、弱的组合。

c. 根据学习情况及时调整教学策略，学生对绕线松紧度的把握和堆叠技艺的掌握不到位。

②学生活动。

a. 登录网络教学平台，查看资源包并完成任务。

b. 学生互帮互助完成自习。

c. 学生混淆交叠与堆叠技艺。

③设计意图。

a. 考查学生自习情况。

b. 培养学生的小组合作能力。

c. 课前收集学生的学习情况。

（2）初识筒裙，为爱而织（15 分钟）。

①教师活动。

a. 播放网红姐姐穿黎锦服饰采茶的视频。介绍这位网红姐姐带动家乡妇女织锦，实现劳动创收，振兴家乡的故事。

b. 由来：明清时期，"……有裙而无裤……以色丝和吉贝，杂织为锦"。在这一时期，黎族筒裙称为"黎筒"。

类型：

按照廓形分：长筒裙和短筒裙；按照工艺分：单面织挑花织造和单面织绣花织造（本项目选择的是反面织造）。

筒裙结构：裙头、裙眼、裙身。

结构内涵：筒裙结构像人一样，可保护穿筒裙的人。

c. 理解黎族服饰的文化内涵，理解服饰文化的发展：民族之间服饰文化的融合发展。

d. 提问1：我们用自己织造的布做了一个手机袋，很多同学都觉得不可思议，这是大家用线织出的布做出了成品。你们还想继续织吗？为自己或者家人织布做筒裙。

e. 温习绕线工具知识。

提问2：我们经常用到的绕线工具的形状如何？给回答的学生加分。

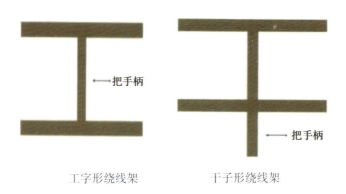

工字形绕线架   干子形绕线架

f. 温习绕线规律。

提问3：绕线规律是什么？哪位同学愿意上台展示？给回答的学生加分。

g. 分析点评。

学生对绕线规律的记忆深刻，但操作的时候还是有所犹豫。今天要重新练习，希望通过这次项目学习，巩固得更为熟练。

②学生活动。

a. 学生欣赏黎族服饰的美好，也欣赏网红姐姐背后的绚丽色彩，上身黑色压住了绚丽，非常和谐好看。

b. 请学生回答筒裙的由来，答对加分，补充的学生也加分。

传统筒裙款式

c. 引导学生思考传统筒裙与现代服饰融合的趋势。

d. 学生全体回答。

e. 学生 1 回答：工字形。

学生 2 回答：干字形。

学生 3 回答：反过来就是土字形，也可以是士字形。

f. 学生踊跃举手，每个小组派代表站起来在原地演示。

g. 学生拿起绕线架，有所思考。

③设计意图。

a. 树立榜样。

b. 了解筒裙的知识，实现知识目标。

c. 热爱中国黎族传统服饰，树立文化自信。

d. 以任务激发学生的学习动力。

e. 检查学生对绕线工具的认识情况。

f. 检验学生对绕线技能的掌握情况。

g. 点评并突出知识点。

（3）打破常规，选色创新（10 分钟）。

①教师活动。

a. 师说："接下来，我们要织造的项目是黎族的筒裙，通过这个项目，大家将学会如何织造筒裙。"

b. 师问："大家有什么想法？"

师说："可以将自己的审美观融入传统设计中。"

c. 师说："回想我们之前学过的色彩知识。"

教师边展示 PPT 图片，边问黎族服饰的色彩特点。

师问："色彩代表的意义是什么？"

师说："色彩可以任选，但是要记住色彩须符合穿着者的特点。运用对比色和同类色的色彩规律进行选择。"

d. 引导学生结合制作对象的特点进行色彩选择。

长辈：可以选沉稳色彩的线。

晚辈或者小朋友：选色彩鲜艳的线。

②学生活动。

a. 学生听任务，并议论。

b. 学生提问："老师，我们可以选择其他颜色吗？"

c. 学生自由回答："鲜艳、明亮等。"

学生开始思考，选人回答问题，答对加 2 分。

d. 学生行为：思考后，同学之间讨论，或者请教教师。

创新设计：改变传统筒裙的黑色底色，融入现代审美观，根据自己的喜好及制作对象的特点进行设计。

③设计思路。

a. 任务引领。

b. 鼓励学生创新。

c. 温习色彩知识。引发兴趣，培养创新能力。

d. 培养学生的独立思考能力及选择判断力。

(4)分析尺寸，计算股数(7 分钟)。

①教师活动。

a. 成人：参考 160/84A 人台臀围，确定短裙长度尺寸。

小孩：确定尺寸。

b. 绕线股数决定幅宽大小。绕线的量是 10 厘米一般为 45 股线。1/2 人台的长度是 30 厘米，需要绕 135 股线。

②学生活动。

a. 根据教师给出的参考值进行选择、判断。

b. 按照经验值进行公式换算。

③设计意图。

a. 提高学生的判断力。

b. 提高学生的计算能力。

(5)按序绕线(解决难点 1)(16 分钟)。

①教师活动。

a. 请各组的组长上台演示绕线技艺。

b. 结合前面温习回顾的情况，再次示范，提醒要点：依据绕线架上标注的数字 1—8 的路径进行绕线示范。对线与线之间的排列情况进行示范。播放演示绕线顺序的动画。

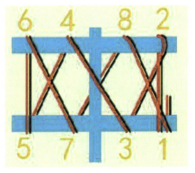

绕线顺序示意图

c. 要求学生绕 5 圈。教师播放古典轻音乐，学生进行绕线实操。

d. 检查学生绕线的方向是否正确。

e. 请组长按照绕线标准检查组员的绕线情况。

名称	要求
绕线顺序	按照绕线架上标注的顺序绕线。
绕线排列	排列整齐，不交叠。
绕线松紧度	不紧不松。
绕线速度	速度均衡。
绕线姿势	抬头挺胸，不驼背，避免交叉双腿、跷二郎腿。

绕线标准

f. 收集组长的汇报情况，进行小结。

g. 请学生根据评分标准手册进行自我绕线情况的打分，请组长对本组组员的情况进行打分。

h. 绕线有问题的学生进行重新调整，没有问题的学生继续绕线。

②学生活动。

a. 组长带着绕线架和线上台展示。其他学生跟着念节拍："1，2，3，4，5，6，7，8……"

b. 学生拿起绕线架，跟着教师的示范进行操作。

c. 距离教师远的学生通过看一体机或者 iPad 的直播示范、动画演示进行自主操作。

d. 学生边听旋律边绕线。

e. 学生按绕线架上的标注顺序进行绕线，请教师和组长检查并确认。

f. 各组的组长汇报组员的绕线情况，针对绕线有问题的情况拍照上传。

g. 5 个组长分别对本组组员在绕线顺序、绕线疏密、绕线力度、绕线速度以及绕线姿势等方面进行评价、反馈。

h. 学生根据评分标准手册进行自评打分，各组组长对本组组员的完成情况进行打分。

i. 出现绕线问题的学生及时调整，未出现问题的继续绕线。

③设计意图。

a. 检查组长的绕线掌握情况。

b. 引导学生观察和思考。

c. 学生边动手实操，边欣赏古典乐《云水禅心》，提升文化素养。

d. 确保开头准确，后续的工作才好开展。

e. 同伴沟通使学生对技术要点的领悟更容易。

f. 掌握学生的学习情况。

g. 培养学生的评判能力。

h. 学生独立实操。

（6）经线分层(42 分钟)。

①教师活动。

a. 回顾织造原理。当学生绕线一小排、20 股左右后，开始安排学生上提综杆。

提问："同学们知道织布原理是什么吗?"

肯定学生的回答："两层经线与纬线交织。"

引导："说出我们接下来要做的工序。"

b. 教师示范往绕线架上插入提综杆，把绕的线在第二步交叉的地方进行分层，一层在提综杆上根，为 A 层；另一层在提综杆下根，为 B 层。每股线进行反复操作。

c. 要求学生按照绕线轨迹反复绕线 360—420 股。

②学生活动。

a. 学生 1 答："经线与纬线交织。"

学生 2 答："不是。"

学生 3 答："两层经线与单层纬线交织。"

学生全体回答："经线分上下层。"

b. 学生边看示范边操作。

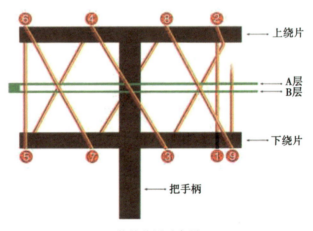

绕线分层示意图

c. 学生边欣赏音乐边操作。

③设计意图。

a. 考查绕线工序流程。

b. 培养学生的观察力和理解力。

c. 培养学生的耐力和毅力。

(7)中期检查(解决难点 2)(38 分钟)。

①教师活动。

a. 展示 PPT 中的绕线要求，请组长检查各个组员的绕线情况。

b. 组长把组员出现的问题拍照上传，让组员分析原因。

处理方式：如果线交叠或交叉在一起，要求重新绕线。如果绕线方向出错或者交叉错误，马上改正后再继续绕线。

c. 经过前面项目的操作，部分学生经历了绕线不合适导致后续工序复杂的情况。请学生分享出现问题的经历。

d. 要求学生按照绕线轨迹反复绕线 360—420 股。

②学生活动。

a. 各组组长负责检查组员的绕线情况，不合要求者应马上改正处理。

b. 各组组长收集本组出现的问题，分析原因，并说出改正建议。

c. 学生举手分享自己的经历。

d. 学生操作。

③设计意图。

a. 确保达标。

b. 检查学习情况。

c. 发生在身边的事例，让学生谨记。

d. 培养学生的耐力和毅力。

(8)后期检查(34 分钟)。

①教师活动。

a. 学生绕线到一定程度，手端得太久，产生不适情绪。引领学生读《木兰辞》首段："唧唧复唧唧，木兰当户织。不闻机杼声，唯闻女叹息……"

b. "古有木兰替父从军，今有你们为家人织布做裙。这一针一线包含了你们对家人所有的爱。"

c. 教师巡堂检查，也让学生相互查看彼此的绕线情况。

d. 不同小组相互检查。

e. 评选问题最少的小组，进行展示。

②学生活动。

a. 学生跟着齐声朗读，转移不适情绪。

b. 学生畅想裙子完成的样子。

c. 学生边实操，边查看身边同学的操作。

d. 各组组长带小助手检查其他组的问题。

e. 公开展示，经受大家的考验。

③设计意图。

a. 木兰克服万难替父从军，希望学生能克服困难坚持下去。

b. 赞赏、鼓励学生。

c. 相互检查。

d. 锻炼组长的管理能力和组织能力。

e. 促进小组之间的团结与合作。

(9)课堂总结，拔高思想(18 分钟)。

①教师活动。

a. 教师以提问的方式进行知识点的梳理与回顾：筒裙的发展、种类及结构特点，绕线工具名称、绕线顺序及绕线要求，请学生玩知识抢答竞赛游戏。

b. 以提问引导学生思考：怎么让一根线变成一块布？为了达成目标而辛苦劳动，如果你不动手，线还在原处，谁动？谁把它变成布？

c. 对本次课得分高的学生进行表扬及加奖励分5分，鼓励其他学生。

d. 布置清洁、整理任务。

②学生活动。

a. 学生回答教师的提问。

比赛答题游戏界面

b. 学生讨论完成线到布转变需要的因素：工具、技术、吃苦耐劳的精神……

c. 获奖学生发表感言。

d. 收拾绕线架及线，打扫卫生，切断电源。

③设计意图。

a. 梳理知识点和技术要领。

b. 提升学生的忍耐力。

c. 鼓励学生上台发言，锻炼口才与胆量。

d. 理解5S管理因素：整理、整顿、清洁、清扫、素养，提升职业素养。

（10）课后活动。

①教师活动。

a. 制定《课堂效果评分标准》和《绕线评分标准》。

b. 拍照上传绕线完成后的效果图。

②学生活动。

学生完成任务。

③设计意图。

利用课外学习资源包，加强学习。

教学反思：

总结上个项目的经验，为保障教学效果，安排在课堂上完成绕线任务，以确保后续课堂的正常进行。

（1）教学内容。

绕线教学不是新的教学内容，但是这个技术练习得少，可通过新项目的学习再巩固。让学生立下目标，挖掘学生的能动性，放手让学生自己选色，创新配色，提高了他们的学习兴趣，保障了学习效果。筒裙的绕线花费的时间比较长，对比上一个项目，学生能按照要求完成绕线，注意绕线要求的各个方面，如绕线顺序、绕线排列、绕线分层、绕线力度等。

课后设计了理论作业，结果显示还有 5 个学生没有理解绕线顺序，他们需要加强学习。

（2）教学过程。

第一，教学达到预期效果，学生在绕线的过程中懂得了绕线技术要求，并熟练掌握技术要领，体会绕线的辛苦，坚持完成了本任务。

第二，学生对自己的学习的评价分值高，互评和师评的评价分值也高。

第三，根据学生提的建议，在课堂中播放音乐，如古典音乐，既能增添课堂活力，又能让学生静心绕线，摒除各种杂念，促进学生专心学习。

（3）教学策略。

绕线需要重复动作几个小时，时间比较长，所以在课堂中设计了一些环节以提高课堂的活跃性。

第一，多名学生代表进行示范，增加学生之间的互动。

第二，信息化手段的运用使知识的呈现更清晰明了，有助于学生掌握，课堂效果较好。

教学创新：用平面动画展现传统技艺，图文并茂，通俗易懂。注重课堂的活跃性，设计古典乐欣赏、游戏答题环节。

改进措施：学生对理论知识点的识记比较弱，应把知识点以游戏形式呈现，增强其记忆。

案例 18 新娘妆的技法——基面化妆

一、案例简介

此案例参加 2021 年海南省中职学校教师教学能力大赛获得二等奖，参赛教师为海南省三亚技师学院的程雪、符淑云、符斌、王春达。教学内容为中等职业技术学校美容美发与形象设计专业的"化妆与造型"课程，授课对象为 2020 级美容美体专业 2 班学生。

二、案例特色

(1)利用多种信息手段，提升课堂效率。利用云班课平台发布课前测试、课中评价和课后作业，上传教学资源，分享教学材料，同时可以完成数据汇总与分析，实时检测学生的学习情况。在教师进行示范操作时，利用摄像机实时投屏到多功能一体机上，将教师操作可视化，解决了部分学生无法看到教师示范操作的问题，让学生更加清晰直观地看到化妆操作过程，操作细节更明显，学习效果得到提高。在学生分组讨论时，使用平板电脑，依托云班课平台实现互相讨论、分享资源的功能。使用多种信息化手段，减少传统课堂的枯燥感，教学过程得到优化，学生的学习兴趣得到激发，大幅提升课堂效率。

(2)依托典型任务，提高解决能力。采用任务驱动式的教学模式，结合典型案例发布工作任务，提高学生分析问题和解决问题的能力。同时将典型的企业案例融入课堂，可以充分发挥学生的主动性，明确课堂任务，有职业代入感，培养学生的职业化思维，把学习过程提升为积极参与工作的过程，提高学生的培养标准及自主解决问题的能力。

(3)校企齐心合作，提高职业能力。开展校企合作，通过邀请企业专家进课堂，参与课堂点评，实现校企共同培养人才。在校企的共同指导下，学生熟悉工作任务，掌握新娘妆的化妆技法，明确企业要求，为从事婚庆化妆师工作做好知识与技能的准备，实现教学与就业岗位无缝对接，提高学生的职业能力。

(4)实现课程思政，凸显素质能力。以立德树人的教育目的为宗旨，在课堂中融入课程思政，将知识传授与素质教育相结合，在进行课程教学设计时注重学生素质目标的设立。同时结合任务特点，教育学生要在学习、工作中时刻注意细节，拥有发现美和创造美的能力，增强学生的规范操作意识和安全意识，使其养成良好的职业素养，培养精益求精的工匠精神，全程落实课程思政。

三、案例设计

授课内容： 基面化妆
课程名称： 化妆与造型

授课课时：2 课时

授课类型：理实一体

授课学期：第一学期

授课地点：婚庆基地/综合化妆实训室

授课对象：2020 级美容美体专业 2 班

教材分析：本课程教材选用中国劳动社会保障出版社由姜勇清主编的《化妆与造型》，该教材是全国中等职业技术学校美容美发与形象设计专业教材，也是国家级职业教育规划教材。

教学内容分析：在遵循学生成长规律和教学规律的前提下，将本课程整合为 3 个模块的教学内容。本作品是课程的第 2 个模块，分为 3 个项目，下设 8 个任务，共计 16 课时，如下图所示：

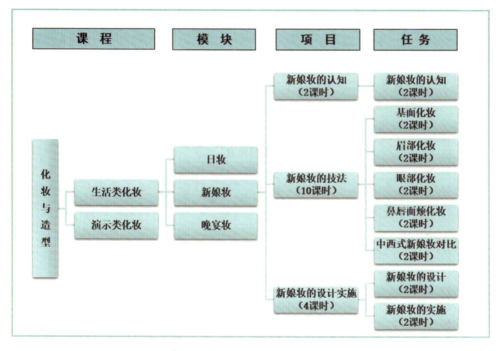

作品在课程中的位置及教学内容

教学活动安排：理论课，全班统一教学；理实一体课，以技能实训为主，将一个班拆分为 A、B 两个小班，由任课教师和实训辅导教师分别带两个小班进行分组练习，缓解实训场地的局限，有效地关注每一位学生，提高学习效果。

学情分析：本课程的实施对象是中职美容美体专业一年级学生。

（1）知识基础：学生对前面课程——新娘妆的认知的知识掌握情况良好，及格率 100%，优秀率 92%，但仍有约 6% 的学生的知识基础薄弱（在教学中应关注知识基础薄弱的学生）。

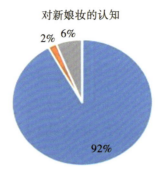

对新娘妆的认知

■优秀率 ■良好率 ■合格率

（2）能力基础：在前面的课程学习中，学生已掌握了新娘妆的风格类型及特点，具备一定的化妆基础知识，但个别学生掌握得不牢固，需要教师进行针对性讲解。

（3）认知能力和实践能力：学生具有较好的认知能力、沟通能力、团队合作能力、分析总结能力，但在自我学习能力和职业素养等方面需要进一步提高。加强小组合作，提高学生的自我学习能力，将课堂思政内容融入教学活动中，有利于培养学生的职业素养和态度。

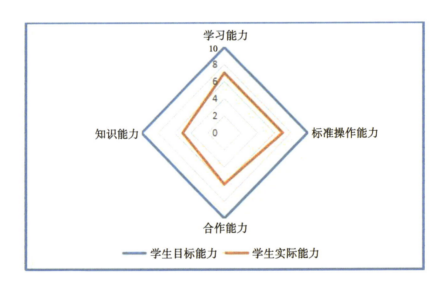

（4）学习特点：学生喜欢并善于应用各种多媒体新技术，资讯能力强，接受新事物的能力强。

教学目标：

（1）知识目标：了解常用的粉底颜色，掌握基面化妆的步骤及注意事项。

（2）能力目标：掌握粉底涂抹手法，掌握基面化妆的方法及技巧。

（3）素质目标：树立规范化、程序化的服务意识，培养学生的合作意识和动手能力、自主学习能力，使其养成良好的职业道德。

教学重点：

（1）粉底涂抹手法。

（2）基面化妆的步骤及注意事项。

教学重点解决措施：

（1）通过常用粉底颜色的学习让学生认识粉底涂抹手法，加深对涂抹手法的印象，突破教学重点(1)。

（2）利用示范操作，让学生知晓基面化妆的步骤及技巧，巩固操作手法，突破教学重点(2)。

教学难点： 高光色和阴影色的适用部位。

教学难点解决措施： 通过分组练习涂高光色和阴影色并进行对比，攻克教学难点。

教法： 任务驱动法。

学法： 自主探究法、小组合作法。

教学资源：

云班课资源包

云班课平台

平板电脑

多功能一体机

教学环境：

综合化妆实训室：

（1）多功能一体机。

（2）直播系统：直播粉底涂抹手法及基面化妆的操作步骤。

（3）平板电脑：登录云班课平台查看任务，做测试题。

教学流程图:

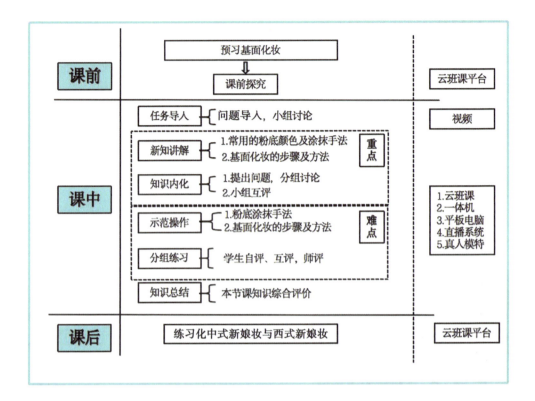

教学实施:

(1)课前探究。

①教学内容。

a. 复习:新娘妆的风格类型及特点。

b. 预习:常用的粉底颜色、粉底涂抹手法、基面化妆的步骤及方法。

②教师活动。

a. 发布复习内容:检测对新娘妆的风格类型及特点的掌握情况。

b. 发布自主学习任务:预习常用的粉底颜色、粉底涂抹手法、基面化妆的步骤及方法。

c. 问题探究:基面化妆有哪些技巧?

③学生活动。

a. 完成复习检测。

b. 完成预习内容,预习常用的粉底颜色及粉底涂抹手法。

c. 观看自己喜欢的化妆步骤视频,关注化新娘妆的注意事项。

④设计意图。

a. 通过课前自主学习探究,熟悉学习目标、内容与要求。

b. 每位学生利用网络查找相关的图片并将其上传至平台共享。

（2）任务导入（5分钟）。

①教学内容。

a. 有一对新人要举行婚礼，要求学生给新娘化妆。

b. 提出问题：化新娘妆时应在哪个阶段做好护肤准备？

②教师活动。

"同学们，假如你是化妆师，你了解化新娘妆的程序和注意事项吗？该如何给客人化妆？"

③学生活动。

a. 认识常用的粉底颜色及粉底涂抹手法，思考并回答问题。

b. 学生分组讨论：基面化妆的注意事项有哪些？

④设计意图。

通过布置任务，激发学生的学习兴趣，提高学生的动手能力和思考能力。

（3）新知讲解（15分钟）。

①教学内容。

a. 常用的粉底颜色：基础底色、高光色、阴影色、抑制色、颊加强色、遮瑕膏。

b. 粉底涂抹手法：印按法、点拍法、平涂法。

c. 基面化妆的步骤及方法：洁肤、护肤、涂粉底、涂高光色、涂阴影色、定妆。

②教师活动。

a. 提出问题：在面部肤色修饰中，对不同的部位要选择不同色调的粉底，肤色主要由哪六种色调构成？

b. 组织学生根据问题"面部清洁的一般顺序"进行学习。步骤：额头→眼周→面颊→下颏→嘴部→鼻部。

③学生活动。

a. 解决问题：分成四个小组并分别查找资料。

b. 汇总上传：各小组长把答案汇总上传到云班课平台。

④设计意图。

a. 利用多媒体与网络工具查找资料，提高学生的学习兴趣，调动学生的主观能动性，培养小组协作的能力。

b. 小组协作，教师评价，体现以学生为主体、教师主导的教学理念。

（4）知识内化（25 分钟）。

①教学内容。

a. 理论知识题讲解：

涂高光色的作用是什么？具有让人感觉开阔、鼓凸的作用。

涂阴影色的作用是什么？制造阴影，具有视觉收紧、后退和凹陷的作用。

b. 讨论：概括三种粉底涂抹手法的特点。

c. 概括基面化妆的操作注意事项。

②教师活动。

a. 推送资源：通过云班课平台推送学习资源包。

b. 发布测试题：涂抹粉底的常用手法有哪些？

③学生活动。

a. 分组讨论并回答问题。

b. 听教师的总结并提出疑问。

④设计意图。

a. 通过理论知识的讲解，巩固基面化妆的操作步骤知识，加强学生的记忆。

b. 通过知识点的测试，激发学生的学习兴趣。教师及时了解学生掌握知识的情况。

（5）示范操作（15 分钟）。

①教学内容。

示范讲解基面化妆的操作步骤：

a. 洁肤：用洁肤类化妆品清洁皮肤。化妆师站在化妆对象的右侧，用右手工作，左手辅助。

b. 护肤：涂抹护肤类化妆品，保护、滋润皮肤。

c. 涂粉底：用蘸有粉底的化妆海绵，在额头、面颊、鼻部、唇周和下颏等部位，采用印按的手法，由上至下依次将底色涂抹均匀。

d. 涂高光色：采用点拍法在需要提亮的部位进行提亮。

e. 涂阴影色：采用平涂的手法，在脸的外轮廓进行阴影色的晕染。

f. 定妆：用蜜粉将涂好的粉底进行固定。

②教师活动。

a. 示范讲解：在示范讲解的过程中使用直播系统投屏到教学一体机。

洁肤　　　　　　　　护肤　　　　　　　　涂粉底

涂高光色、阴影色　　　　　　　　　定妆

　　b. 边操作边提问：涂粉底主要采用哪种手法？顺序是由上至下还是由下至上？定妆的作用是什么？

　　c. 思政教育：教育学生在学习和工作中时刻注意细节，培养发现美的能力。

　　③学生活动。

　　认真观察，注意聆听，记录操作要点及操作步骤的注意事项。

　　a. 观看教师的操作步骤，记录操作要领。

　　b. 小组自评、互评。

　　c. 聆听教师的教诲。

　　④设计意图。

　　a. 通过教师的示范讲解，提高学生的观察能力，使学生能有效地掌握操作要领，解决难点。

　　b. 突出教学过程中的要点，同时提醒学生在操作过程中注意操作规范，突出教学重点。

　　(6)分组练习(25分钟)。

　　①教学内容。

　　学生分组并按角色进行分工，进行基面化妆的操作步骤练习。

　　②教师活动。

　　a. 发布仿真实训任务：

　　(i)组织学生进行仿真实训。

　　(ii)巡回观察，观察学生的操作过程，及时给予指导。

　　(iii)对实操中的共性问题进行解决，对遗漏的知识点进行补充。

　　b. 实训要求：

　　(i)团队合作。

　　(ii)规范操作。

　　(iii)职业化。

　　c. 角色分工：将学生分为两人一组，轮流当模特，进行基面化妆的操作步骤练习。

　　d. 教师评价：教师评价每个小组的操作情况。

　　③学生活动。

a. 分组练习，强化技能：进行基面化妆的操作步骤练习，若在操作过程中存在疑问，及时报告教师。

b. 小组自评：根据完成的妆面进行自评、互评。

④设计意图。

a. 小组合作，分组练习，发挥团体优势，培养良好的团队意识。

b. 通过分组操作，强化技能，学生有效地掌握操作要领，加深对知识的理解和记忆，解决难点。

c. 增强学生规范操作的意识和安全意识，使其养成良好的职业素养，培养精益求精的工匠精神。

（7）知识总结（5分钟）。

①教学内容（知识总结）。

a. 常用的粉底颜色。

b. 粉底涂抹方法。

c. 基面化妆的步骤及方法。

②教师活动。

a. 总结本节课的理论知识。

b. 评价各组本节课的操作练习情况，指出不足之处。

c. 针对导入任务再次提问：同学们，假如你是化妆师，该如何给新娘化妆呢？

③学生活动。

a. 聆听理论知识并总结。

b. 各小组组长进行自评。

④设计意图。

a. 找出学生实操过程中的不足，及时发现问题、解决问题。

b. 再次提问，检查学生本节课的学习情况。

（8）课后作业。

①教学内容。

查阅不同风格新娘妆的化妆特点的资料。

②教师活动。

发布课后任务：化中式新娘妆和西式新娘妆。

③学生活动。

a. 完成课后任务。

b. 互评交流。

④设计意图。

拓展知识面，巩固本课所学知识。

板书设计：

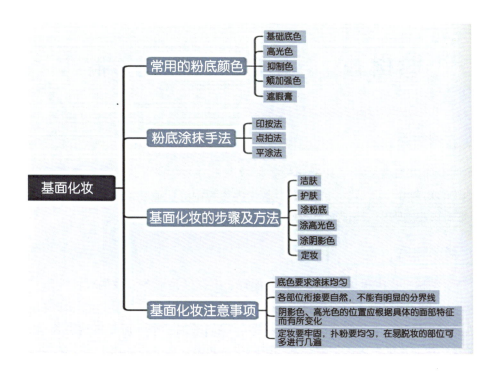

教学反思：

（1）特色与创新。

①通过教师示范讲解、基面化妆的问题分析、学生分组练习，学生能较好地掌握化新娘妆的操作程序及方法。

②播放婚礼视频，将枯燥的操作技能转化为可视技能。

（2）不足与改进。

①在教师点评小组讨论结果时，未被点评的小组有注意力不集中的现象。

②提醒学生今后在点评环节时要注意教师的点评。

案例 19　个人所得税计算与申报

一、案例简介

此案例参加 2021 年海南省中职学校教师教学能力大赛获得二等奖，参赛教师为海南省银行学校的郑剑虹、邱嫚娇、吴兰君。教学内容为中等职业技术学校会计电算化专业的"税费计算与申报"课程，授课对象为 2019 级会计电算化专业二年级学生。

二、案例特色

(1)结合纳税工作流程，有效重构传统课程。根据经济业务涉及的税种性质，按照纳税工作流程，重构教学内容，以项目导向、任务驱动来设计学习情境。依托海南建设自贸港，引进高端人才和实施税收优惠政策的背景，我们增加了个人所得税纳税筹划的内容，引导学生在法律允许的范围内，充分利用税收优惠政策，通过对纳税人生产经营活动的调整和安排，最大限度地减轻纳税人的税收负担，将工匠精神融入自贸港建设。

(2)顺应职业教育要求，理实一体贯穿始终。税费计算与申报的实用性很强，掌握理论知识后能进行有效应用是我们的更高目标。因此我们将税收法律法规整合为理实一体化教学模式。运用多个专业实训平台，让学生能在学习理论知识的同时，进行有效的实际操练。理论知识的学习为实操训练打下基础，而实操训练又能更好地帮助学生理解理论知识，二者相辅相成。

(3)综合学生差异学情，适当穿插趣味游戏。在教学资源和教学平台的支持下，学生有了自主学习的意识和独立的学习空间，在每堂课的课前任务及课中环节中都有相应记录，学生可以随时查看，反复温习，实现线上线下混合式学习。除了使用一系列的资源帮助学生提升学习兴趣以外，我们还针对学生思维活跃的特性，采用游戏的设计思路，设置互动游戏，让学生在玩中学，在玩中应用。学生的反馈很好，让枯燥的理论知识学习变得丰富有趣，印象深刻。

(4)突出学生主体，理、实、悟一体化。构建符合本门课程特点与实际情况的"精讲理论—实操训练—总结提升"的"理实"一体化教学模式；以税收法律法规为"理"，以智能财税等软件、仿真报税平台为"实"，让学生实现"做中学、学中悟"，有效提高人才培养质量。为有效达成教学目标，增强学习效果，采用案例教学、情境教学、项目化教学等方式开展教学，提供丰富的视频资源，帮助学生理解抽象内容。学生通过自主学习和合作探究相结合的模式，分组合作，加强合作意识，有利于提高学生的职业认同感。

三、案例设计

教学课题：个人所得税计算与申报项目设计

授课对象：2019 级会计 1 班

授课学时：2 学时

课程名称：税费计算与申报

授课地点：智慧教室

内容分析："税费计算与申报"是会计专业的专业核心课程之一，是一门理论与实务一体化的课程，不仅注重学生对知识的应用与实践，更侧重培养学生的品德素养与爱岗敬业的劳动态度。

本教学单元为"模块三之项目二：个人所得税计算与申报"，总计 16 学时，该项目的内容和我们每个人都相关，学生学会后在今后的工作中能学以致用，从而最大限度地保障纳税人的权利。

基于各种税种性质，根据职业教育国家教学标准，对接税务机关最新标准，并融入1+X 职业技能等级证书要求，将原有课程内容整合成四个模块，如下图所示。

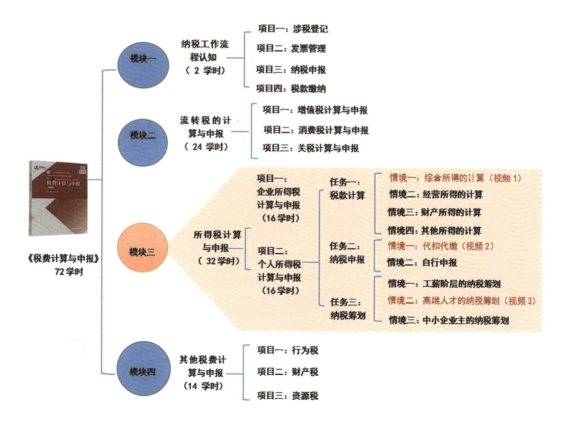

教材分析：选用的教材为高等教育出版社出版、梁伟样主编的《税费计算与申报》，

它是国家职业教育会计专业教学资源库配套教材，也是"十二五"职业教育国家规划教材。本书根据职业院校培养高素质劳动者和技术技能型人才的任务目标，按照工作过程，以项目导向、任务驱动来设计体例及安排教学内容，以企业具体纳税操作为主线，从应缴税费额的计算和纳税申报两个方面，对现行主要的13个税种、3种财政规费进行了全面的阐述。

该教材针对性强，立足"教、学、做"一体化教学特色，设计三位一体的教材体系。从"教什么，怎么教""学什么，怎么学""做什么，怎么做"三个问题出发，配套资源立体化，资源库内容丰富，属于"自主学习型"教材。

学情分析：

（1）知识技能基础：学生已经学习了企业所得税的相关知识，对所得税有了充分的理解，具有一定的计算分析能力。

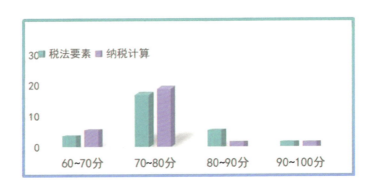

（2）认知实践能力：学生对相关税法要素有一定的理解，具有一定的纳税意识。

（3）学习特点：结合项目一的教学反馈，学生更容易接受线上线下混合式教学模式，对虚拟仿真型教学手段支持度高。

教学资源：

（1）国家资源库职教云教学平台（教学资源丰富）。

（2）视频、案例库资源。

云教学平台

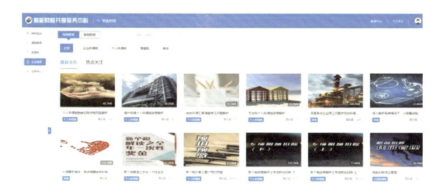

智能财税教学平台

（3）最新个税条款（对接行业最新标准，解读最新个税法规）。

国家税务总局海南省税务局网站　　　　　　微专题 APP

国家税务总局北京市税务局网站

（4）模拟实训平台。

情景互动教学综合平台

教学目标：

（1）知识目标：理解个人所得税、纳税人、征税对象及税率的含义，熟练掌握综合所得应纳个人所得税的计算方法。

（2）能力目标：能判断居民纳税人和非居民纳税人，会根据业务资料计算个人综合所得应纳个人所得税款。

（3）素质目标：增强与时俱进、不断学习的意识，能向亲朋好友宣传个人所得税的最新法规政策。

教学重难点：

（1）教学重点：能够判断居民纳税人与非居民纳税人的区别，熟练掌握综合所得的计算方法，熟记个人所得税的税收优惠政策。

（2）教学难点：个税中扣除项目的确认额。

教学方法：

（1）教法：任务驱动法、案例教学法、讲解示范法。

（2）学法：自主学习法、合作探究法。

教学策略：

（1）借助微助教平台、微课资源实现学生课前自主学习、课中指导学习、课后拓展学习的模式。

（2）利用视频、动画、游戏等资源提高学生对课堂的兴趣。

教学资源：

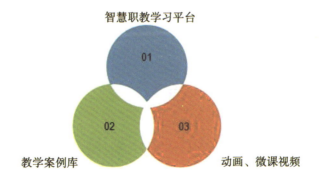

教学内容：

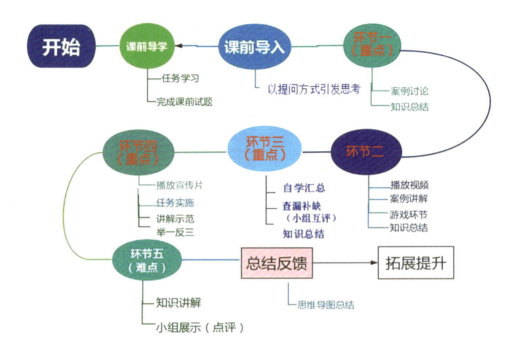

教学活动安排：

（1）课前准备。

①教学内容。

课前发布工资、薪金个人所得税的计算的视频，要求学生根据所预习的知识点做相关的练习。

②教师活动。

a. 发布任务。

在微助教平台上上传工资、薪金个人所得税的计算的视频，要求学生观看并预习相关内容。

b. 完成试题。

让学生用手机登录科云平台做相关的练习。

c. 设计意图。

借助微助教平台实现学生的移动式学习，同时便于教师了解学生的掌握情况，并通过课前答题情况分析学生的整体知识水平，及时调整教学策略。

③学生活动。

a. 完成相关知识的预习。

b. 完成相应习题。

（2）课程环节一。

①教学内容。

个人所得税纳税人身份认定。

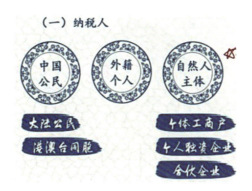

②教师活动。

a. 引入新课。

提问：知道个人所得税是对什么进行征税吗？是如何征收的呢？请举例说明。

b. 设计意图。

为引入新课做准备，并且可以检查学生的预习情况。

c. 案例讨论。

小组展开辩论(案例中的游客是否应该纳税？属于哪一类纳税人？)

d. 知识总结。

教师以表格形式总结知识点。

③学生活动。

a. 畅所欲言回答问题。

b. 小组讨论并陈述观点。

c. 认真聆听并做好笔记。

(3)课程环节二。

①教学内容。

a. 个人所得税征税范围确定：9 个税目。

b. 个人所得税适用税率选择：超额累进税率和比例税率。

②教师活动。

a. 播放视频。

让学生了解并区分 9 个税目。

设计意图：用动画的形式激发学生的学习兴趣。

b. 案例讲解。

针对疑难问题进行案例讲解，提醒学生注意区分工资与劳务报酬的税目。

设计意图：用案例的形式便于学生理解，代入感强。

c. 游戏环节。

通过教育 101PPT 设置游戏环节，要求学生快速进行相关税目的抢答。

设计意图：活跃课堂的气氛，寓教于乐。

d. 知识总结。

提问并以表格形式总结知识点(个人所得税的税率主要有两种,你们知道哪些适用超额累进税率,哪些适用比例税率吗?)

设计意图:将所学的内容密切联系实际,引导学生了解个人所得税的计算思路。

③学生活动。

a. 学生认真观看视频。

b. 学生跟随教师的思路,归纳总结。

c. 积极参与课堂游戏,熟练区分9个税目。对于选错的答案进行重点记忆。

d. 积极回答问题。

(4)课程环节三。

①教学内容。

个人所得税的税收优惠:免征项目、减税项目、暂时免征项目。

②教师活动。

a. 自学汇总。

让学生查阅相关资料,以表格的形式汇总知识点,以小组为单位,投屏讲解。

设计意图:通过小组协作,汇总知识点,培养学生的团队协作能力以及自主学习能力,加强每个学生的参与度。

b. 查漏补缺。

组间互评,查漏补缺。

设计意图:相互监督,相互学习。

c. 知识总结。

③学生活动。

a. 小组分工协作查阅相关资料,编制表格。

b. 组间互评,查漏补缺。

c. 认真聆听,做好笔记。

(5)课程环节四。

①教学内容。

a. 工资、薪金所得预缴税额的计算。

b. 劳务报酬所得预缴税额的计算。

c. 稿酬所得预缴税额的计算。

d. 特许权使用费所得预缴税额的计算。

②教师活动。

a. 播放宣传片。

播放税务机关个税宣传片。

设计意图:通过视频,学生大致了解了相关收入应纳税所得额的计算方法。

b. 任务实施。

根据课前布置的任务"为父母算一次税",请学生发言:了解父母的主要收入来源,并计算家庭的应纳税所得额,教师点评。

设计意图：体验式的教学过程，使学生身临其境，实现"查问思做"理实一体的教学模式。

c. 讲解示范。

教师重点讲解劳务报酬所得预缴税额的计算方法。

d. 举一反三。

请学生根据劳务报酬所得预缴税额的计算公式进一步学习稿酬和特许权使用费所得预缴税额的计算方法。

设计意图：培养学生的自主学习能力，启发学生的思路，使其发现问题并解决问题。

③学生活动。

a. 认真观看视频，并获取相关信息。

b. 学生积极发言并相互评价。

c. 认真聆听并发现规律。

d. 根据案例计算稿酬和特许权使用费所得预缴税额。

（6）课程环节五。

①教学内容。

综合所得中专项扣除、专项附加扣除及依法确定的其他扣除。

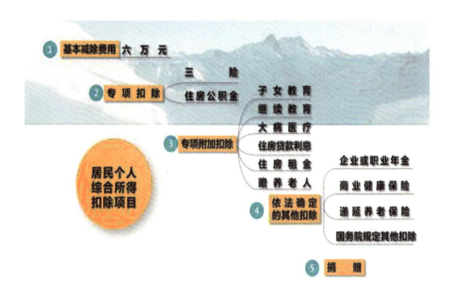

②教师活动。

a. 知识讲解。

通过开展对学生家庭支出的调查进行数据汇总，并进行数据分析，利用图片、视频等进行讲解。

设计意图：列举学生生活中的例子，代入感强，同时激发学生学习的积极性。

b. 小组展示。

让学生以小组为单位，结合各自家庭情况，以"个税改革对人民生活的影响"为主题开展学习感悟演讲，教师点评。

课程思政：增强学生的诚信纳税意识，强调依法纳税也是爱国的一种表现。

③学生活动。

a. 认真聆听，跟着教师的思路学习扣除项目。

b. 小组派代表发言，讲述个税改革对自身生活的影响并进行组间互评。

（7）总结反馈。

①教学内容。

课程内容总结与回顾。

②教师活动。

布置课后任务：各小组绘制本章节内容的思维导图，上传至微助教平台。

③学生活动。

回忆并强化记忆。

（8）拓展提升。

课后做相关练习。

考核评价：

评价阶段	评价环节	评价内容	评价方式	分值（%）
课前	课前学习	线上学习	平台（100）	10
	课前任务	实践任务	教师（100）	5
课中	课堂表现	课堂投入情况	教师（100）	10
	课堂任务	1. 扣除项目 2. 演讲	教师（50） 组间（50）	35
	团队合作	任务完成质量	自评（50） 组间（50）	10
课后	实训情况	课后作业	教师（100）	30
合计				100

教学反思：

（1）教学效果。

在信息化的教学思想下，结合多种信息化教学手段在课前准备、课程实施和课后拓展各阶段的运用，配合多元评价体系，使学生学习有了目标感、参与感和互动性，具体表现为由被动接受转为主动设疑，学生学习的积极性提高了；由以"教"为主转向以"学"为主，学生的自主学习能力提高了；文化内涵与专业技能相融合，基本达到期望水平。

（2）问题与改进。

从学生的作业、课堂表现可以看出学生对个人所得税有了一定的了解与掌握，大多数学生会计算，但是个别学生对知识掌握不透彻。在以后的教学中，要把控好教学时间，要做到精讲多练，以优带差。

学生的交流还不够充分。在今后的教学中，应该给学生足够的思考空间和探索时间，使学生思维的能动性和创造性得到充分激发。

案例 20　贵宾犬解剖结构识别

一、案例简介

此案例参加 2021 年海南省中职学校教师教学能力大赛获得二等奖，参赛教师为海南省农业学校的孙丽、严英华、邵梓峰、王胜来。教学内容为中等职业学校畜牧兽医专业"宠物美容"课程，授课对象为 2018 级畜牧兽医 3+2 试点班学生。

二、案例特色

（1）创新教学设计。由多维度感官认识到内化技能再到迁移应用。教学内容为 VR 虚拟仿真→平面设计画图→泥塑 3D 建模→造型修剪线条→创意染色，层层推进，使学生形成职业能力。通过这种教学模式形成了一种系统的学习方法，使学生学会找点位、找比例，即使以后遇到一些新的造型也可以找到自己的思路来考虑如何修剪。

（2）整合单项能力，形成综合能力。整合 VR 虚拟仿真系统、平面设计，形成点位认知能力；整合泥塑 3D 建模和修剪工具的使用，形成快速美容造型能力；整合色彩搭配和两种染色方法，形成创意染色综合能力。

（3）校企合作，将案例导入职业活动，指导教学环节。在教学过程中融入宠物门店的实际案例，模拟真实的工作场景，激发学生的学习兴趣。企业教师把实际门店的工作经验引入课堂，提高课堂效率。

（4）"做中学，学中思"，课程评价多元化。利用线上、线下技术资源组织课前—课中—课后教学，激发学生的主观能动性，关注学生的个体差异，以"做中学，学中思"促进技能形成与应用。通过画图、泥塑的任务为快速造型修剪奠定基础，还让学生学会了根据不同犬的造型分配比例的方法。学会的学生不仅会在课上教其他同学，课下还会在宠物美容协会教没有学过的学弟学妹，形成了很好的传承。

（5）1+X 职业等级标准贯穿始终。教学设计对接 1+X 职业资格等级考试的快速美容和染色环节内容，同时对接宠物门店的初级美容师岗位。课程通过导入门店典型工作任务，依托学校教师授课、企业兼职教师提供门店案例视频及讲解，避免了学生学习与工作岗位相脱节的现象，让学生熟悉工作任务，掌握宠物美容师岗位的工作内容。

（6）"润物无声"融入思政。在授课中，多采用分组完成任务的模式，培养学生的团队合作意识，发挥集体的力量完成任务。开展小组竞赛评比投票，既可以激发学生思考，还可以培养他们认真负责、善于观察的态度。在小助教的环节中，既锻炼了学生的语言表达能力、分析能力，还使学生在指导别人的同时提高了自己的专业水平，互帮互助、增进友谊。在课程任务中安排学生画图、制作泥塑，反复修改直至达标，培养了他们坚持不懈、永不放弃的精神。在使用修剪工具时更是全程将安全教育融入课程中。每个任务结束后都要求各小组清理好本组桌面，每堂课后都会留一个小组打扫实训室卫生，将"7S"理念融入课堂中。

三、案例设计

课题名称：贵宾犬解剖结构识别

课程名称：宠物美容

授课课时：2 课时

授课类型：理实一体

授课学期：2020—2021 学年度第二学期

授课地点：VR 实训室、宠物美容室（干区）、宠物美容室（湿区）、塑化标本室

授课对象：2018 级畜牧兽医 3+2 试点班学生

教材分析：本课程使用的是中等职业学校创新示范教材《宠物美容》，由中国林业出版社出版，杨艳主编。该书包含了 1+X 宠物护理与美容职业等级考核项目初级、中级的大部分内容。

教学内容分析：经过教学内容重构，将本课程分为 4 个模块，本案例是课程的第 2 个模块中的第 1 个任务，如图 1 所示：

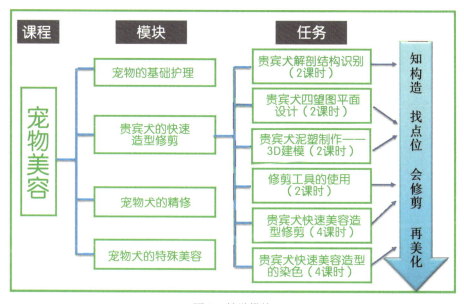

图 1　教学模块

职业技能等级标准：本课程包含 1+X 宠物护理与美容职业等级考核项目的初级标准内容，还含有少部分中、高等级内容。

教学活动安排：理论课（贵宾犬解剖结构识别任务）为全班统一教学。理实一体课程——贵宾犬四望图平面设计和贵宾犬泥塑制作任务为全班统一教学。还有修剪工具的使

用、贵宾犬快速美容造型修剪、贵宾犬快速美容造型的染色的任务。

学情分析:

(1)知识基础:学生在中专第一学期的基础课程"家畜解剖生理"中对解剖结构已经有了初步的认识。第一学期期末考试解剖生理成绩的合格率为100%,良好率为65%,优秀率为19%,成绩数据显示,通过复习强化,可以顺利引入新课程。

(2)技能基础:由图2数据分析可以看出全班均已合格且80分以上的人数占全班的65%。但是之前家畜解剖课程的目的在于以骨骼位置定位内脏位置,用于诊断和治疗;本学期犬的解剖课程的目的是以解剖结构为基础来定位美容修剪的部位。由于侧重点不同,在这节解剖课程中还要有针对性地进行讲解。

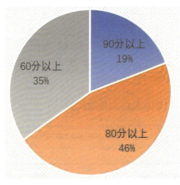

图2 分数统计

(3)认知和实践能力:由图3可以看出学生具有较好的沟通与合作能力、分析总结能力,但在自主学习能力和职业素养等方面需要进一步提高。

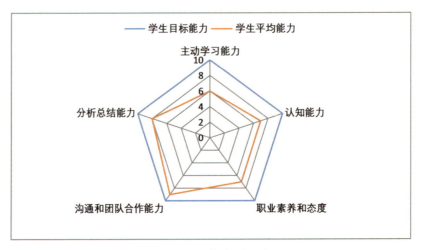

图3 班级能力测评图

（4）学习特点：学生对传统的教学模式不是很感兴趣，更喜欢一些操作多、互动多的教学模式，尤其对信息化教学模式感兴趣。学生年轻、富有好奇心，利用 VR 教学强大的资源、简便易学的立体内容、新奇的学习方式，可调动他们的好奇心，激发学习兴趣。

教学目标：

（1）知识目标：掌握犬的骨骼解剖结构、犬美容解剖学定位、犬毛流方向。

（2）技能目标：能够通过本节课的内容，定位犬美容修剪的位置和角度。

（3）素质目标：培养学生严谨细致的工匠精神、互助友爱的团队精神，提升学生的空间思维想象能力。

教学要求：

（1）教学重点：犬的骨骼解剖结构、犬美容解剖学定位。

（2）教学重点解决措施：利用 VR 软件教学，让学生通过 VR 成像结合犬美容修剪定位教学，能够掌握抽象立体的解剖结构与犬美容修剪定位的关系。

（3）教学难点：犬解剖结构中骨骼、关节及重要结节的名称和部位。

（4）教学难点解决措施：通过分组操作竞赛的方式、寓教于乐的训练，强化知识的掌握。

教法学法：

（1）教学方法：任务驱动法、直观演示法。

（2）学生学法：探究学习法、互助纠错法。

教学资源：

学习通平台　　　　　　国泰安犬虚拟解剖 VR 实训系统

教学环境：

（1）一体机 1 台。

（2）VR 电脑 11 台，3D 眼镜 33 个。

（3）可移动白板、绿板等。

塑化标本室

VR 实训室

教学流程图：

课前	活动	将VR实训室纪律要求与使用要求发布到学习通平台	学习通平台
		制作并推送VR使用方法介绍微视频	
		通知学生熟悉VR软件操作方法	
课中	明确目标	学生通过旧知识整合新知识，增强学习效果	VR多媒体软件
		让学生了解解剖学对于犬美容的意义，从而明确学习目的	
	知识讲解	通过VR教学软件讲解犬的骨骼解剖结构 ➡ 解决教学难点	一体机投屏 VR多媒体软件
		教师通过一体机投屏，结合对应VR教学软件讲解犬美容定位的解剖学位置 ➡ 解决教学重点	
	突破难点	以分组竞赛形势暴露整体薄弱点 ➡ 发现整体薄弱环节并再度强化	一体机投屏 高清摄像头 希沃传屏
	效果反馈	通过纸质测验详细了解每名学生的掌握情况	
	综合评价	教师点评出整体课堂表现最好的组 ➡ 融入思政教育	
	课终测验	掌握每名学生各个知识点的掌握情况	纸质试卷
课后	承接新课	预习新课，打好基础 ➡ 承接新课内容	学习通平台 微信朋友圈

课前活动：

①教学内容。

a. 强调实训纪律。

b. 制作并组织观看 VR 使用方法介绍微视频。

c. 以小组为单位，提前到实训室熟悉 VR 软件操作方法。

②教师活动。

a. 将 VR 实训室纪律要求发布到学习通平台。

b. 制作并推送 VR 使用方法介绍微视频,再发布到学习通平台。

c. 通知学生实训室开放体验的时间并安排实验员届时指导并管理。

③学生活动。

a. 观看教师发送的纪律要求和操作示范的视频。

b. 练习操作 VR 多媒体。

④设计意图。

通过观看操作介绍视频并实地操作练习,掌握 VR 虚拟软件的操作方法,便于教学。

教学实施过程:

(1)导入新课,明确目标(10 分钟)。

①教学内容。

a. 介绍犬骨骼结构的学习是以定位犬的美容位置为目的。

b. 对比上学期的家畜解剖课程,介绍牛的骨骼与犬的骨骼有什么区别。

②教师活动。

a. 教师利用 VR 教学软件展示犬的骨骼解剖结构。

b. 让学生以小组为单位,课后要找出犬的解剖结构和之前学的牛的骨骼系统有什么异同,找出不同点的组加 5 分。

③学生活动。

a. 学生观看教师 VR 展示及讲解。

b. 学生通过旧知识整合新知识,加强学习效果。

④设计意图。

a. 让学生了解解剖学对于犬美容的意义,从而明确学习目的。

b. 学生通过旧知识整合新知识,加强学习效果。通过小组间的竞争回答加分,可激发学生的学习热情。

(2)任务导入,知识讲解(40 分钟)。

①教学内容。

a. 通过 VR 教学软件观察狗的骨骼解剖结构,知道骨骼的名称、关节的名称和重要结节的名称(教学难点)。

b. 掌握犬的美容部位与犬的骨骼解剖学各部位的关系(教学重点)。

②教师活动。

a. 教师利用 VR 教学软件讲解犬的骨骼解剖结构。

b. 结合犬美容四望图、VR 骨骼模型,讲解犬的美容部位及结构与犬的骨骼解剖学各部位的关系。

③学生活动。

a. 学生根据教师的讲解,利用 VR 教学软件学习犬的骨骼解剖结构。

b. 通过 VR 骨骼模型,对照犬美容四望图学习犬的美容部位及结构与犬的骨骼解剖学各部位的关系。

④设计意图。

a. 利用 VR 教学软件，学生直观立体地学习犬的骨骼解剖结构。

b. 通过犬美容四望图及 VR 骨骼模型，学生能较好地掌握解剖结构与美容的关系。

（3）小组竞赛，突破难点（15 分钟）。

①教学内容。

让学生以小组为单位，按教师要求，将符合要求的骨骼从 VR 模型中拆出，放置在显示器右侧空置区域。小组完成后举手示意。准确完成的小组加 3 分。快速准确完成的前两个小组加 5 分，并作为小助教查看其他组是否正确完成，对有困难的给予帮助。

②教师活动。

a. 讲解演示竞赛规则、步骤。

b. 出题并检查各小组的完成情况，进行评分。

c. 要求先完成的学生指导帮助落后的学生。适时插入德育教育。

③学生活动。

a. 通过学习和练习，熟练掌握知识后参与课堂竞赛。

b. 小组内讨论互助，强化学习效果。

c. 领先的小组指导帮助落后的小组完成。

④设计意图。

a. 通过竞赛形式激发学生的学习热情。

b. 以小组为单位竞赛可使学生引发讨论、主动思考、加深印象。

c. 通过测评，找到广泛的难点、薄弱点，可进行针对性的强化训练。

d. 引导学生互帮互助，插入德育教育。

（4）课中归纳，学习效果反馈（10 分钟）。

①教学内容。

a. 根据小组竞赛情况发现薄弱点，分析薄弱点出现的原因。

b. 针对弱项进行强化训练。

c. 融入思政教育。

②教师活动。

a. 教师点评各组的竞赛情况，对普遍出现的问题进行分析。

b. 进行针对性强化训练。

c. 根据具体情况融入思政教育。

③学生活动。

学生根据教师总结的难点对课程内容再次进行强化学习。

④设计意图。

a. 分析普遍的薄弱点，并进行针对性的强化学习。

b. 适时地融入思政教育。

(5)整体学习，综合评价(5 分钟)。

①教学内容。

a. 点评课堂上各组的学习表现及任务完成情况。

b. 检查任务结束后各组的整理情况。

②教师活动。

教师总结各组上课时听课的表现，对每组桌面的整洁情况给予点评。给表现最好的一组每人加 5 分，相对较差的一组留下来做实训室卫生。

③学生活动。

聆听教师点评，总结经验教训。

④设计意图。

表扬表现好的组，让他们继续努力。以整组为单位评价更利于学生之间互相监督，好好完成任务，同时培养团队精神并增强责任感。

(6)个体学习，课终测验(10 分钟)。

①教学内容。

小测验：根据图片选择相对应名称，在图片上填空。

②教师活动。

要求每一个学生独立完成测验。

③学生活动。

学生独立完成测验并上交。

④设计意图。

掌握每个学生的学习情况。

课后预习：

①教学内容。

下载学习通中的犬美容四望图，并按照其临摹一张四望图。

②教师活动。

上传犬美容四望图，组织学生临摹。

③学生活动。

按照学习通中的犬美容四望图，临摹一张自己的四望图。

④设计意图。

以本课内容后启"贵宾犬四望图平面设计"课程内容。

教学反思：

(1)教学特色。

①通过课前学习让学生掌握 VR 多媒体的使用方法，遵守实训室纪律要求。

②通过 VR 教学让学生全方位立体式地学习犬的骨骼解剖结构。

③根据之前家畜解剖课程中牛的骨骼结构，对比引入犬的骨骼结构进行教学。在课上以小组竞争的方式促进学生主动思考、积极参与，对普遍的薄弱点进行强化。通过小组竞赛，增强了学生的团队意识及竞争意识，激发其学习动力，促使其更认真地完成学习任务。学生在活动中及时反馈学习中的问题，便于及时修正。

④在教学中通过将犬的美容位置与骨骼解剖位置关联对应，使学生综合掌握美容位置定位与解剖位置关键部位的关系。

⑤在课堂最后对所教授内容进行测验，搜集每个学生的课堂知识掌握情况。

⑥在教学中既通过竞赛促进学习，又融入德育引导学习互助。

⑦课后给时间让学生趁热打铁，通过课后作业继续巩固提升。

（2）教学效果。

①学生通过使用 VR 多媒体，全方位立体地学习骨骼解剖，较快速地具备了利用骨骼解剖知识对犬的美容部位进行定位的能力。

②在学生的竞争意识及团队意识得到增强的同时也培养了他们的互助精神。

③在课程中学生自主思考、积极讨论，培养了主动学习意识。

④既巩固了以前的课程知识，又为新课程的学习做好了基础铺垫。

（3）不足及改进。

采用学习通、VR 多媒体等数字化教学手段，虽然使学习更立体更有趣，便于记忆，但仍然有一些来自偏远地区的学生对数字化学习接受较慢，导致学习进展不一致。

解决整改：

①分组时混合分组，以强带弱。

②为部分学生多提供接触机会。

案例 21 "大国小厨"——烹饪刀具的磨制与保养

一、案例简介

此案例参加 2019 年海南省中职学校教师教学能力大赛获得一等奖，参加 2019 年全国职业院校技能大赛教学能力比赛获得三等奖，参赛教师为海南省海口旅游职业学校的吴金华、孟繁华、庄全球、郑璋。教学内容为职业教育"十二五"规划烹饪专业系列教材《烹调基本功实训教程》模块二"刀工"中的任务一"烹饪刀具的磨制与保养"，授课对象为中职中餐烹饪与营养膳食专业一年级学生。

二、案例特色

(1)实施"理实一体化"教学模式。

课前的"理实一体化"：理论(微课解析+图文解析)+课外实训(家里)+及时反馈(实训过程视频、图文及时提交)+及时评价(教师评价、组内互评)。

课中的"理实一体化"：理论(课前存在问题解析+直播解析+课中存在问题解析)+课堂实训+及时反馈(实训过程视频、图文，疑难问题)+及时评价(教师评价、组内互评、组间 PK 及互评)。

(2)借助信息化平台教学。

教师自制微课及知识点分析提供给学生课前学习，课中借助直播平台实现教师边教，学生边学、边做。整个教学设计，无论是课前还是课中，都实现了理论和实践融合，直观和抽象贯通，理中有实、实中有理，及时反馈、及时评价。学生的理论学习掌握到位，实训练习保质保量。

(3)学生自主学习，合作探究。

课前，学生通过互联网提供的资源及教师上传至学习平台的微课独立进行学习，课前掌握相关的操作知识，并在家里与亲人共同研究和学习(对家中的刀具进行讲解并拍摄视频上传至平台)，为课中提升学习效果做准备，同时培养学生的自学能力。课后，教师布置一定的学习任务，让学生通过自学巩固。每两位学生为一组，通过组内同学的互助学习、组间的互助、组间的 PK 等小组学习模式，培养学生的合作意识与能力，提高学习效果。

三、案例设计

课题名称： 烹饪刀具的磨制与保养

授课地点： 烹饪实训室

课程名称： 烹调基础

授课对象： 中职中餐烹饪与营养膳食专业一年级学生

授课课型： 理实一体

授课学时： 2 学时

选用教材： 职业教育"十二五"规划烹饪专业系列教材《烹调基本功实训教程》

教材分析： 烹调基础课是中餐烹饪专业的核心课程，刀具的磨制又是《烹调基本功实训教程》中最基础的学习内容，它将是学生的厨师职业生涯中最常用的工具。俗话说"工欲善其事，必先利其器"，所以刀具磨制技能的掌握，对学生的职业生涯有着极重要的意义。同时，该章节的学习内容能否正确掌握和应用对后续刀具应用等技能的学习起到承上启下的作用。

学情分析：

(1)学生初步掌握磨刀石的种类、用途及磨刀的准备工作。

(2)学生初步了解磨刀站立姿势和双手用力的磨刀方法。

(3)学生的动手能力强。

(4)学生对专业的学习欲望强。

(5)学生对新鲜事物感兴趣。

(6)学生能熟练运用各类手机学习软件和学习平台。

教学目标：

(1)知识目标：正确掌握磨刀站立姿势，熟练掌握双手用力的磨刀方法及刀具刃口的检测方法，能正确使用平磨、翘磨、平翘结合三种双手用力的磨刀方法。

(2)能力目标：能用准确的站立磨刀姿势完成磨刀工作，能根据不同的情况使用平磨、翘磨、平翘结合的磨刀方法，能准确完成刀刃的检测。

(3)德育目标：培养学生良好的职业意识、卫生习惯，塑造阳光的厨师形象；培养学生勤于思考、主动探究问题的学习习惯；加强亲子互动，培养学生的亲情感。

教学重难点：

(1)重点：磨刀站立姿势及基本动作，平磨、翘磨、平翘结合三种磨刀方法，刀刃的检测方法。

(2)难点：能根据不同的情况使用平磨、翘磨、平翘结合三种磨刀方法，刀刃的检测技巧。

教法： 借助信息化教学平台，实施"理实一体化"教学流程。

课前的"理实一体化"：理论(微课解析+图文解析)+课外实训(家里)+及时反馈(实训

过程视频、图文及时提交)+及时评价(教师评价、组内互评)。

课中的"理实一体化":理论(课前存在问题解析+直播解析+课中存在问题解析)+课堂实训+及时反馈(实训过程视频、图文,疑难问题)+及时评价(教师评价、组内互评、组间 PK 及互评)。

教师自制微课及知识点分析提供给学生课前学习,课中借助直播平台实现教师边教、学生边学、边做。整个教学设计,无论是课前还是课中,都实现了理论和实践交替进行、直观和抽象交错出现,理中有实、实中有理、及时反馈、及时评价。学生理论学习掌握到位,实训练习够量、够强!

在教学实施的过程中,主要用到如下的教学法:

(1)"理实一体化"讲授法。

在课堂教学过程中(课中),教师结合学生课前在家里的实操练习中存在的问题及课上实训过程中存在的问题,通过直播演示操作,解析相关的概念及操作要领,既突出重点、解决难点,又系统地传授知识,使学生在较短的时间内获得系统的知识。

(2)"理实一体化"演示法。

教师通过视频直播的方式,将操作演示给学生,学生借助直播平台,能很清楚地看到教师操作的细节与要领,不仅学习效果大大提升,而且加深了对操作难点的理解与认识。

(3)"理实一体化"练习法。

在教师的指导下,学生完成操作练习,教师认真巡回指导,加强监督,发现错误动作立即纠正,保证练习的准确性。把理论知识通过操作练习进行验证,要求学生在练习时一定要掌握正确的练习方法,强调操作安全,提高练习效果。设计的实训任务有层次,对每个学生的检测结果要登记到位,评价到位,记录的成绩将作为平时的考核分。

学法:

(1)自学法:课前,学生通过互联网提供的资源及教师上传至学习平台的微课独立进行学习,课前掌握相关的操作知识,并在家里和亲人共同研究和学习(对家中的刀具进行讲解并拍摄视频上传至平台),为课中提升学习效果做准备,同时培养学生的自学能力。课后,教师布置一定的学习任务,让学生通过自学巩固。

(2)小组合作法:本次课,每两位学生一组,通过组内同学的互助学习、组间的互助、组间的 PK 等小组学习模式,培养学生的合作意识与能力,提高学习效果。

教具:多媒体、烹饪磨刀工具、数据采集工具。

课前准备:

(1)课前学习环节一:通过平台中的微课自学。

①教师活动。

教师在学习通平台发布预习内容(磨刀准备工作、站姿、基本动作、刀具刃口的检测方法),并通过图片让学生对上节课学习的磨刀石种类进行复习。

②学生活动。

学生通过学习通平台、多媒体、网络及图书等途径利用微视频及图片、文字进行复习和预习。

③教学设计与说明。

在课前自学环节采用了超星学习通移动教学平台、播放微视频、展示图片等信息化教学手段，通过课前复习和预习达到目的：复习并能正确地认识各类磨刀石的用途，通过观看微视频基本了解磨刀的准备工作、站姿、基本动作。

（2）课前学习环节二：家里实训练习（亲子互动）。

课堂实施：

（1）课前准备工作。

①教师活动。

a. 实训室课前准备工作：按照分组要求布置实训室（贴岗位号，准备砧板、刀具、磨刀工具等）。

b. 组织学生整理仪容仪表，在教学平台签到，强调安全问题。

②学生活动。

学生配合教师做好前期的准备工作：学生整理仪容仪表(戴厨帽，穿工服，系围裙，带卫生抹布)。喊出学校的教学口号："尊师重道，薪火相传。"

③设计思路。

让学生明白课前准备工作的重要性，培养学生做事的条理性，使其学会统筹安排工作。培养学生具备良好的职业素养、塑造阳光的厨师形象。

(2)新课导入一。

①教师活动。

a. 组织学生观看酒店日常磨刀视频，引出今天的学习内容：烹饪刀具磨制。

b. 通过学习通平台发布课前头脑风暴：购买磨刀石。学生发布自己购买的磨刀石的情况。

c. 表扬任务完成得优秀的学生。

d. 点评学生的完成情况。

②学生活动。

a. 学生相互交流自己的自学收获。

b. 学生分享彼此课前在家里的表现。

c. 认真听教师的点评与分析。

③设计思路。

通过总结学生课前的自学情况，激发学生的学习自信心与热情，培养学生的自学能力。

(3)新课导入二。

①教师活动。

展示学生在独立自主实训时，由小组成员通过手机拍摄的磨刀站姿及基本操作视频。

②学生活动。

学生认真听讲，并回忆在学习过程中存在的不足。

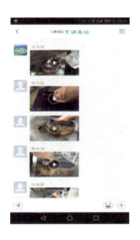

③设计思路。

通过信息化手段让实训课不再只是停留在纯粹的练习上，还可以进行课后交流、反馈、小结、反思，提升实训课的教学效果。

(4)课中流程一：通过测试题巩固理论学习。

①教师活动。

通过一道关于磨刀石选择的多选题，检测学生的学习情况。

②学生活动。

完成多选题。

③设计思路。

检测学生对磨刀工具的认识情况。

(5)课中流程二：通过小游戏进行理论学习。

①教师活动。

教师分析本次课的重点知识：通常烹饪中餐时使用的刀具有片刀、斩切刀、砍骨刀。

a. 片刀因其刀口较薄适宜选择1000—2000目的磨刀石进行开锋处理，选择3000目的磨刀石进行细磨处理。

b. 斩切刀一般适用于前切后斩的手法，可砍制一些小骨头等原料，在磨制中应当选择400目的磨刀石来进行刀具开锋的磨制，然后选择1000—2000目的磨刀石磨细刀口至锋利，最后使用3000目的磨刀石磨制使刀具表面光滑。

②学生活动。

两位学生完成原料、磨刀工具配对小游戏。

③设计思路。

增加课堂的趣味性，激发学生的学习兴趣。

（6）课中流程三：组间实训练习。

①教师活动。

每个小组制定本组完成磨刀任务的工作步骤与分工。

②学生活动。

各个小组负责检测的学生将操作过程中出现的疑难问题及时反馈到学习通平台。

③设计思路。

提高学生的团队协作能力。

（7）课中流程四：通过直播进行操作演示。

①教师活动。

教师利用直播平台就学生出现问题较多的地方进行讲解示范，用 FLASH 动画讲解本次课最核心的重难点知识。

a. 展示学生在家里与亲人一起研究技能的画面，分析存在的问题并依次解决。

b. 教师解答收集到的平台疑难问题，如：片刀在磨制过程中的运动幅度和运动距离是怎样的？在翘磨过程中对角度大小如何把控？

c. 教师就出现次数较多的问题进行现场示范：

步骤一：确定刃口检测所需要的工具。

步骤二：将需要的工具进行合理的摆放，对磨刀站立的规范姿势进行讲解。

步骤三：进行刃口角度把握的讲解。

d. 介绍磨刀方法。

平磨法：

将磨刀石用水浸湿、浸透，在刀面上淋上水，刀身与刀石贴紧，推拉磨制，磨制时两面的磨制次数应相等。此法适合磨制平薄的片刀，可以使刀面平滑的同时使刀刃锋利。

翘磨法：

将磨刀石用水浸湿、浸透，在刀面上淋上水，刀身与刀石保持一定的锐角角度，推拉磨制。此法适合磨制刀身厚重的砍刀或前切后斩刀的后半部分，可以直接对刀刃磨制而不磨及刀面。

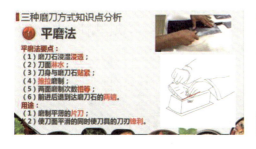 

②学生活动。

学生跟随教师讲解，边学边做，进行磨刀站立姿势的规范学习。

③设计思路。

通过展示亲子间的互动画面，学生学会主动创设与亲人互动、交流的良好家庭氛围。

（8）课中流程五：全组练习，教师评价。

①教师活动。

教师在学生进行第二次练习的同时进行巡回指导并进行评分、排名。

②学生活动。

学生跟随教师的示范进行练习。

③设计思路。

强化学生的实操技能。

（9）课中流程六：小组间互换练习，评出最优"小老师"。

①教师活动。

a. 通过两次练习后学生基本掌握了两种磨刀方法，已经可以独立自主进行操作，安排学生进行互换练习。

b. 通过互换练习，学生还能锻炼自己的口头表达能力，做到专业课程与文化课程融合。学生对"小老师"的讲解进行评分，教师的点评可以让学生更直观地感受到自己在教授过程中与别人的差距。

②学生活动。

学生进行练习。

③设计思路。

使学生的操作能力得到提升。

（10）课中流程七：刀刃检测。

①教师活动。

完成刀具磨制工作后对刀刃进行检测，刀具锋利度可以用以下几种方法来判断：

a. 将刀刃迎向光源，慢慢转动刀身，仔细观察刀刃反光情况，尚未锋利的刀刃会有白色点状或线状反光，锋利的刀刃则没有这些现象。

b. 用大拇指轻轻地横向刮过刀锋，感觉毛拉拉的，隐隐有"沙沙"声音的是锋利的表现，如果感觉较光滑，则尚未锋利。

c. 将一张纸（如作业本的纸）用拇指和食指捏住，然后径向用刀削，锋利的刀应该很轻松地将纸一切为二，若有靠刀身撕裂而不是切开纸的现象出现，则说明刀还不是很锋利。

d. 用刀剃手臂上的汗毛，如果能轻松地将汗毛剃下，说明刀已经非常锋利了。

②学生活动。

学生进行练习。

③设计思路。

使学生的操作能力得到提升。

（11）课中流程八：平翘结合法学习。

①教师活动。

②学生活动。

学生进行学习。

③设计思路。

完成教学任务。

（12）课中流程九：讲解与实训。

①教师活动。

a. 教师直播讲解平翘结合法。

b. 让每位学生拿一把未开封的刀具练习，直至能把纸削开。

c. 刀具的保养要领：

第一，避免潮湿环境。

第二，用完刀具后一定要及时擦洗、清洁。先用流动的清水清洗，然后用干燥的棉布、毛巾擦拭干净，放在通风干燥的地方。这样可以大大降低刀具生锈的概率。

第三，定期给刀具上油。刀具在清洁后或者长期不使用时应涂上一层保护油。

②学生活动。

学生进行练习。

③设计思路。

完成教学任务。

课后拓展：

①教师活动。

a. 流程一：课后小结——学生小结本次课的学习内容。

利用学习通选人系统选择学生上台发言，让其对自己这节课的操作等内容进行自我评价。

b. 流程二：课后小结——通过学生自评，小结本节课的学习重点。

教师对本节课出现的共性问题进行总结，并发布本节课个人评分要求，组织学生通过平台评分系统进行自我评价。

②学生活动。

a. 被选中的学生依据教师提出的总结要求进行自我评价。

b. 学生通过平台了解要求后对自己本节课的操作等表现进行评分。

③设计思路。

a. 通过让学生口头表述的方式提高学生的语言口头表达能力，以多元化考核评价方式进行总结提升。

b. 学生通过评价系统可以直观地感受到自己与别人的差距，更能激励学生学习。

学习评价汇总：

组别	第一组	第二组	第三组	第四组	第五组	第六组	第七组	第八组
小组第一轮得分25%								
小组第二轮得分25%								
个人评分25%								
教师评分25%								
总评								

《烹饪刀具磨制》成绩汇总表

案例 22　精雕细琢，匠心绘梦

——花式咖啡(雕花)制作

一、案例简介

此案例参加 2019 年海南省中职学校教师教学能力大赛获得一等奖，参加 2019 年全国职业院校技能大赛教学能力比赛获得三等奖，参赛教师为海南省三亚技师学院的谷秀丽、刘颖、杨芬。教学内容为中等职业教育酒店服务与管理专业规划教材《咖啡实用技艺》，授课对象为高星级饭店运营与管理高级班二年级学生。

二、案例特色

(1)"三段六步五任务"层层递进。本节课程以花式咖啡(雕花)制作为工作任务，以任务驱动的形式进行理论讲授和实操训练，其中花式咖啡(雕花)制作以五个小任务完成课堂教学的实施，按照"三段六步五任务"层层递进，突破教学重难点。

(2)立足岗位，理实互联。本课程教学任务立足行业真实工作岗位，以典型任务为载体，以学生为中心，按照"三段六步五任务"有序开展教学活动，层层递进，通过理实互联实现能力培养与工作岗位对接。

(3)以人为本，因"才"施教。考虑学生的认知、学习、操作、创新等能力的不同，切实落实因"才"施教，本课程分为岗位基础和拓展延伸两个练习环节，彼此成梯度关系，难度逐渐加深，每个环节均有可视成果。在拓展延伸环节充分发挥学生丰富的想象力和创造力，进一步提升学生的自主创新、探究及团队协作等职业能力。

(4)企业参与课堂，确保评价客观。本课程采用个人评价、小组自评互评、企业专家评价和教师评价相结合的方式，充分利用信息化网络平台，使学生能够客观评价自己和他人的表现，增强学生的心理承受能力，培养正确的价值观。

(5)以赛促学，激发兴趣。借助行业技能竞赛，以赛促学，激发学生学习的积极性。通过导知识、学技法、练技巧、用技艺、展技能等环节，强化学生的技能，培养学生"精益求精"的工匠精神和良好的职业素养。

三、案例设计

参赛项目类别：旅游服务类
专业名称：酒店服务与管理
课程名称：咖啡制作

课题名称：精雕细琢，匠心绘梦——花式咖啡(雕花)制作

授课地点：一体化咖啡(调酒)综合实训室

授课课时：4 课时

教材分析：该课程教材选用中等职业教育规划教材《咖啡实用技艺》(第二版)，科学出版社出版。根据现代职业教育理念，通过实践专家访谈、企业深入调研、课程专家研讨，在提炼典型工作任务的基础上进行了基于工作过程的课程开发。该课程是一门具有较强涉外性、实践性和综合性的技能课程，旨在让学生能够独立完成咖啡制作和对客服务工作，达到本区域星级酒店及咖啡厅的业务水平，培养良好的职业素养。

花式咖啡(雕花)制作取自"咖啡制作"课程中第四个模块中的第三个项目，学生在掌握经典花式咖啡的制作方法及花式咖啡(拉花)的制作技能后，再进行雕花制作的学习，此技能在课程学习任务中具有代表性。花式咖啡制作是目前市场上常用的咖啡制作技艺，适用于各类酒店吧台、咖啡馆，对学生未来的工作实践有着重要的指导意义。

课程体系：

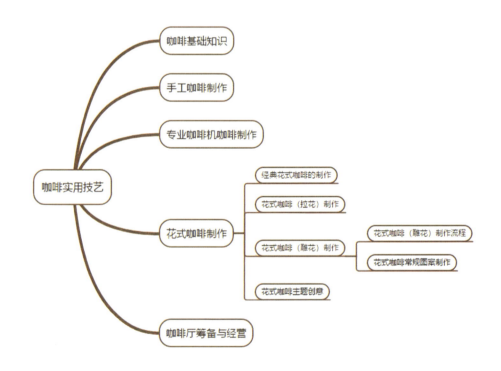

学情分析：

(1)授课对象：高星级饭店运营与管理高级班二年级学生。

(2)学习基础：通过前期学习，90%的学生基本掌握咖啡的基础知识，85%的学生能够使用常见的手工咖啡器具制作咖啡，88%的学生熟悉经典花式咖啡的制作方法，78%的学生掌握了花式咖啡(拉花)的制作技能，为进一步学习花式咖啡(雕花)制作奠定了基础。

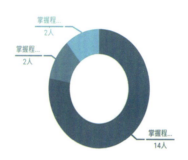

（3）学生特点：本课程前三个学习模块的完成情况较好，学生的动手操作能力较强，自主学习能力薄弱，语言表达能力有待提高，但对图片、视频等信息的处理效率较高，会使用互联网搜索工具搜集和筛选学习素材。学生已经拥有较稳定的"学习伙伴"，适合分组学习。

教学目标：

（1）知识目标：熟悉花式咖啡（雕花）制作的流程，掌握花式咖啡（雕花）常规图案的制作方法及雕花"绘"和"勾"的方法。

（2）能力目标：具备独立完成花式咖啡（雕花）制作的岗位操作能力，能够进行花式咖啡（雕花）常规图案的制作。

（3）情感目标：培养团结协作意识、卫生安全意识和良好的职业习惯。培养工作严谨、精雕细琢的工匠精神，学生能够客观评价自己和他人的表现，增强心理承受能力，养成正确的价值观。

教学重难点：

（1）重点：花式咖啡（雕花）常规图案的制作。

（2）难点：雕花"绘"和"勾"的方法与技巧。

教学方法：

（1）教法：混合式教学模式下的任务驱动教学法。

（2）学法：线上自主探究法、线下小组合作法。

教学策略：

（1）任务驱动：任务驱动是以任务为主线、教师为主导、学生为主体的一种教学方式。本节课程以花式咖啡（雕花）制作为工作任务，以任务驱动的形式进行理论讲授和实操训练，其中花式咖啡（雕花）制作以五个小任务完成课堂教学的实施，按照"三段六步五任务"的流程层层递进，突破教学重难点。

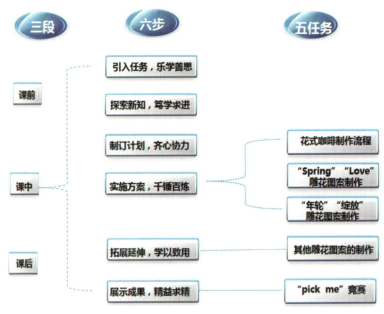

教学策略"三段六步五任务"图表

（2）混合式教学：混合式教学是将传统教学与信息化教学有效结合，从而实现"线上线下"学习的融合。本节课主要分为课前准备、课堂实施、课后拓展三个环节。学生在课前利用互联网资源，借助信息化教学平台进行自主学习，课中通过小组协作、合作探究逐步完成学习任务，课后通过拓展延伸巩固知识、提升技能。

前置任务:

①教师活动。

a. 发布课前任务。

b. 查阅跟踪学生的完成情况。

c. 在线答疑。

②学生活动。

a. 登录蓝墨云平台接受并完成课前任务。

b. 课前体验，完成上传。

c. 线上向教师提问。

③设计意图。

a. 引导学生自主学习。

b. 为课堂任务学习做铺垫。

④学习内容。

a. 任务一:学生根据教师在蓝墨云平台发布的"Spring""Love"花式咖啡(雕花)图案制作教学视频，在模拟实训室进行直线、曲线等基础线条的绘制练习，并将练习视频上传至平台。

b. 任务二:教师在蓝墨云平台发布课前网络搜集任务，要求学生搜集花式咖啡的其他雕花图案制作的视频并上传至平台。

课堂实施:

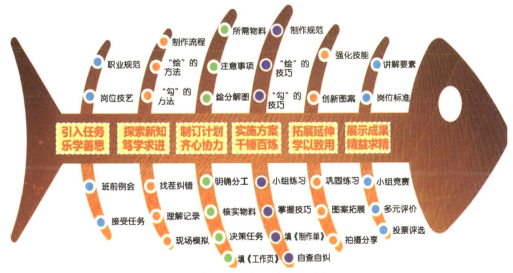

课堂教学环节"六步"流程图

(1)引入任务，乐学善思。

①教师活动。

a. 督查班前例会。

b. 下达学习任务及要求。

c. 引导学生明确任务及要求。

②学生活动。

a. 考勤、仪容仪表检查。

b. 接受学习任务。

c. 理解任务，并做好记录。

③设计意图。

a. 强化学生的职业规范意识，培养学生的综合职业素养。

b. 激发学生的求知欲和学习兴趣。

④学习内容。

a. 学生"上课如上岗"，体验真实岗位环境，召开班前例会。

b. 通过多媒体下达学习任务，引导学生明确任务要求。

市旅游协会为弘扬咖啡文化，传承咖啡技艺，特举办以"我的梦·中国梦"为主题的花式咖啡雕花比赛，我校合作企业特此邀请酒店专业学生参与此次活动的选拔。

本次选拔活动具体要求如下：

1. 制作流程操作规范，雕花线条流畅、美观；

2. 围绕花式咖啡常规雕花图案"年轮"、"绽放"两款制作展开；

3. 咖啡口感适中，图案清晰明了，可观性强；

4. 对作品成果进行展示及解说。

（2）探索新知，笃学求进。

①教师活动。

a. 播放视频导入新课。

b. 归纳花式咖啡（雕花）制作流程。

c. 播放微课，针对学生练习中的问题讲解雕花"绘"和"勾"的方法。

d. 现场指导学生练习。

②学生活动。

a. 观看视频并提炼花式咖啡（雕花）制作流程。

b. 通过微课深度理解知识内容，倾听、记录知识要点。

c. 现场模拟练习。

③设计意图。

a. 通过冠军作品，激发学生的学习兴趣。

b. 通过微课，学生强化对知识点的理解与掌握。

c. 通过现场模拟练习，学生掌握"绘"和"勾"的方法。

④学习内容。

a. 播放世界拉花赛冠军选手的雕花作品视频，引入新课。

b. 归纳花式咖啡（雕花）制作流程。

c. 运用微课讲解并示范雕花"绘""勾"的方法。

d. 学生在盘碟中练习"直线绘""圆形绘""直线勾""圆形勾"的方法，教师现场指导。

（3）制订计划，齐心协力。

①教师活动。

a. 组织学生进行小组分工。

b. 指导学生填写《一体化工作页》。

c. 引导学生核查物料单。

②学生活动。

a. 计划任务，小组分工。

b. 初步填写《一体化工作页》。

c. 核实并完成物料单的填写。

③设计意图。

a. 增强学生的团队协作、责任与担当意识。

b. 培养学生工作严谨、态度认真的职业习惯。

④学习内容。

a. 小组分工，明确任务职责。

b. 观看课前视频，绘制"Spring""Love"花形图案分解图。

c. 核实操作台备料、器具，并完成物料单的填写，选取恰当的器具、物品、杯具等。

咖啡综合实训室　操作区放置物料细目表

序号	名称	规格	数量	备齐	补缺	损坏	备注
1	手冲咖啡器具	2/3人份	1				
2	虹吸壶咖啡器具	2/3人份	1				
3	摩卡壶咖啡器具	2/3人份	1				
4	法压壶咖啡器具	2/3人份	1				
5	电动磨豆机		1				
6	热水壶		1				
7	尖嘴壶		1				
8	奶泡机		1				
9	电子秤		1				
10	体温计		1				
11	咖啡豆		1				
12	杯具	套	5				
13	手冲滤纸		若干				
14	摩卡滤纸		若干				
15	白砂糖		若干				
16	巧克力酱		1				
17	抹布		2				
18	垃圾桶		1				
19	搅拌棒		1				
20	咖啡勺		5				
21	咖啡豆容器		1				

（4）实施方案，千锤百炼。

①教师活动。

a. 强调操作过程中的注意事项。

b. 引导学生完成任务一、任务二的四款图案的制作，巡回指导，记录问题，答疑解惑。

c. 引导学生自查自纠，完成调查问卷。

d. 指导学生填写《一体化工作页》。

②学生活动。

a. 倾听注意事项，分组练习。

b. 用平板电脑录制操作过程。

c. 完善《一体化工作页》的填写。

d. 观看录制视频，自查自纠，记录问题与不足，完成问卷，进行诊改。

③设计意图。

a. 渗透操作安全和卫生意识。

b. 强调操作规范、节约成本。

c. 由浅入深，分阶段提升学生的操作技能。

d. 强化学生的操作熟练度，有效突破教学难点。

④学习内容。

本环节按照"二任务三阶段"进行练习，步骤为：直线绘、直线勾组合图案→圆形绘、圆形勾组合图案→直线与圆形绘勾组合图案，由易至难，层层递进。各阶段学生均用平板电脑录制练习过程，自查自纠。

a. 任务一：进行"Spring"和"Love"雕花图案制作的练习。

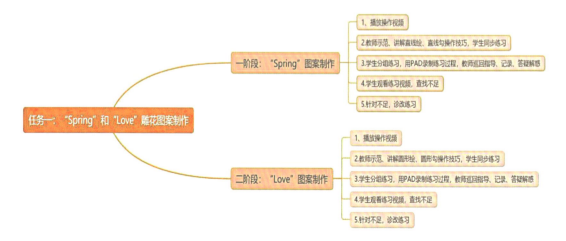

b. 任务二：进行"年轮"和"绽放"雕花图案制作的练习。

（5）拓展延伸，学以致用。

①教师活动。

a. 选取学生课前搜集的视频进行播放。

b. 教师巡回指导学生其他图案的制作练习。

c. 收集学生的成果图片。

②学生活动。

a. 巩固练习。

b. 优化《一体化工作页》。

c. 进行其他图案雕花制作。

d. 拍摄成果，上传至平台。

③设计意图。

a. 强化技能。

b. 因材施教，拓展学生的思维。

c. 培养学生的创新意识，使其学以致用。

④学习内容。

a. 播放其他雕花图案的视频，供学生参考练习。

b. 分层练习：对于四款常规雕花图案的制作不熟练的学生继续巩固练习，操作熟练的学生进入新的图案练习。

c. 学生拍摄制作成果，上传至平台，教师进行展示。

（6）展示成果，精益求精。

①教师活动。

a. 组织游戏"大家来找茬"，巩固知识点。

b. 引入"pick me"竞赛任务，播放视频并宣布竞赛具体规则。

c. 巡视"pick me"竞赛现场，记录不足。

d. 收集学生成果并展示。

e. 引导小组代表进行成果解说。

f. 组织学生完成组内自评、小组互评，投票。

g. 邀请企业嘉宾点评。

h. 教师点评总结。

i. 监督实训室整理。

②学生活动。

a. 参与游戏活动，回顾知识点。

b. 接受"pick me"竞赛任务，倾听"pick me"竞赛规则。

c. 现场进行 PK 并录制。

d. 拍摄成果并上传至微信平台。

e. 小组代表进行成果解说。

f. 观看视频，完成小组互评。

g. 倾听、记录企业嘉宾的点评和教师的总结。

h. 进行场所整理。

③设计意图。

a. 增强学生的竞争意识，提高其语言表达能力。

b. 培养学生"精益求精"的学习态度。

c. 利用平台，进行多元化评价。

d. 为学生参加行业比赛、顶岗实习、就业做铺垫。

④学习内容。

a. 开展游戏"大家来找茬"，通过视频查找学生练习中的不足，回顾知识点。

b. 引入"pick me"竞赛任务并宣布竞赛规则。

c. 巡视"pick me"竞赛现场，展示学生成果。

d. 小组代表进行成果解说，学生完成组内自评、小组互评并投票。

e. 现场企业嘉宾点评。

f. 教师点评总结。

课后拓展：

①教师活动。

a. 布置课后任务。

b. 收集主题雕花绘制图。

②学生活动。

a. 完善《一体化工作页》。

b. 小组合作完成以"中国梦，我的梦"为主题的雕花图案绘制，并提交至平台。

③设计意图。

a. 培养学生勇于开拓、积极进取的创新精神和精益求精的"工匠精神"。

b. 为下次任务做铺垫。

c. 让学生养成认真、严谨的学习习惯。

成绩评价：

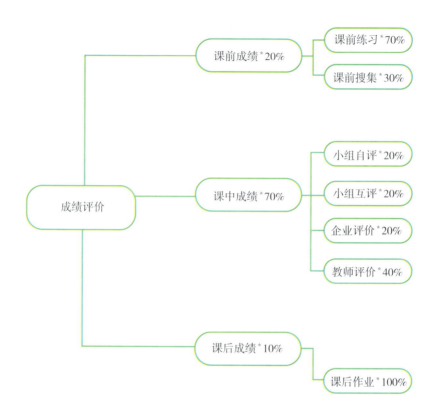

教学反思：

（1）特色与创新。

①立足岗位，理实互联。

本课程教学任务立足行业真实工作岗位，以典型任务为载体，以学生为中心，按照"三段六步五任务"的流程有序开展教学活动，层层递进，通过理实互联实现能力培养，为与工作岗位对接打下良好的基础。

②以人为本，因"才"施教。

考虑学生的认知、学习、操作、创新等能力的不同，切实落实因"才"施教，本课程分为岗位基础和拓展延伸两个练习环节，彼此成梯度关系，难度逐渐加深，每个环节均有可视成果。在拓展延伸环节充分发挥学生丰富的想象力和创造力，进一步提升学生的自主创新、探究及团队协作等职业能力。

③企业参与课堂，确保评价客观。

本课程采用个人评价、小组自评互评、企业专家评价和教师评价相结合的方式，充分利用信息化网络平台，使学生能够客观评价自己和他人的表现，增强学生的心理承受能力，培养正确的价值观。

④以赛促学，激发兴趣。

借助行业技能竞赛，以赛促学，激发学生学习的积极性。通过导知识、学技法、练技巧、用技艺、展技能等环节，强化学生的技能，培养学生"精益求精"的工匠精神和良好的职业素养。

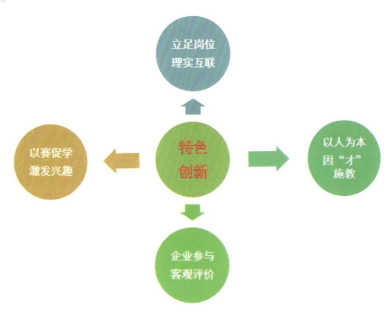

（2）不足与改进。

①个别学生的制作技法不够娴熟，语言表达能力和沟通能力有待提升，今后应多增加练习机会。

②岗位对接继续深化：学生现阶段只局限于花式咖啡（雕花）制作练习，今后将进行咖啡制作、对客服务、产品销售等工作的系统学习。